Robert Vogel | Tarkan Koçoğlu | Thomas Berger

Desktopvirtualisierung

Balanced Scorecard
von F. Barthélemy, H.-D. Knöll, A. Salfeld, C. Schulz-Sacharow und D. Vögele

Architekturen für Web-Anwendungen
von G. Bauer

Masterkurs Parallele und Verteilte Systeme
von G. Bengel, C. Baun, M. Kunze und K.-U. Stucky

Management von IT-Architekturen
von G. Dern

Empfehlungssysteme
von A. Klahold

Green-IT, Virtualisierung und Thin Clients
herausgegeben von F. Lampe

ECM – Enterprise Content Management
von W. Riggert

www.viewegteubner.de

Robert Vogel | Tarkan Koçoğlu | Thomas Berger

Desktop-virtualisierung

Definitionen – Architekturen – Business-Nutzen

Mit 35 Abbildungen und 16 Tabellen

PRAXIS

VIEWEG+
TEUBNER

Bibliografische Information der Deutschen Nationalbibliothek
Die Deutsche Nationalbibliothek verzeichnet diese Publikation in der
Deutschen Nationalbibliografie; detaillierte bibliografische Daten sind im Internet über
<http://dnb.d-nb.de> abrufbar.

1. Auflage 2010

Alle Rechte vorbehalten
© Vieweg+Teubner Verlag | Springer Fachmedien Wiesbaden GmbH 2010

Lektorat: Christel Roß | Maren Mithöfer

Vieweg+Teubner Verlag ist eine Marke von Springer Fachmedien.
Springer Fachmedien ist Teil der Fachverlagsgruppe Springer Science+Business Media.
www.viewegteubner.de

Umschlaggestaltung: KünkelLopka Medienentwicklung, Heidelberg
Abbildungen: Susann Müller
Gedruckt auf säurefreiem und chlorfrei gebleichtem Papier.
Printed in Germany

ISBN 978-3-8348-1267-4

Vorwort

Ich sitze hier in Kalifornien im Silicon Valley im Herzen der Computerindustrie und tippe das Vorwort zu diesem Buch in meinen nagelneuen iPad. Ich benutze dazu Microsoft Word, das mir mittels eines Receivers von meinem Arbeitgeber auf dem iPad zur Verfügung gestellt wird. Die Anwendung Word läuft dabei nicht direkt auf diesem Endgerät (und ist auch natürlich nicht auf diesen installiert), sondern in unserem Rechenzentrum in London. Das genutzte Betriebssystem, das Word die Systemressourcen zur Verfügung stellt, ist Microsoft Windows 7. Windows 7 läuft allerdings weder auf diesem Endgerät noch in London, sondern wird in einer virtuellen Maschine in einer Serverfarm in Washington ausgeführt. Word wurde vor dem Beginn der Ausführung in diese virtuelle Maschine gestreamt und dann gestartet. Die Datei, die ich erstelle und dann sichere, wird in meinem persönlichen Verzeichnis in der Cloud liegen, auf das meine Kollegen natürlich Zugriff haben. Damit können meine Mitstreiter wie auch ich den Text von zu Hause aus, eigentlich von überall auf der Welt und von jedem Endgerät, das uns zur Verfügung steht, wieder bearbeiten.

Wir sind in einer Welt angekommen, in der ich von überall mit einem Endgerät meiner Wahl arbeiten kann, spielen kann, E-Mails verfassen und verschicken kann, im Internet präsent bin und Informationen abrufen kann. Ich kann meine Arbeit verlagern wohin ich möchte, ob ich im Büro sitze an einem Thin Client, ob ich zu Hause beim Essen mit der Familie ein Dokument auf meinem iPad lese oder am Strand meine E-Mails mit dem Smartphone abrufe und wenn ich möchte auch antworte. Ich habe die Wahl, ich kann entscheiden.

Diese Welt ist faszinierend, inspirierend, motivierend und wird uns in den nächsten Jahren Freiheiten in unserer Arbeitswelt gewähren, an die wir nicht zu träumen gewagt haben. Diese Welt ist aber auch neu, nebulös, vielschichtig und erklärungsbedürftig, und das hat uns dazu bewogen, dieses Buch zu verfassen. Es ist an diejenigen gerichtet, die in den kommenden Jahren entscheiden werden, ob ihre Unternehmen diesen Weg gehen sollen. An die Väter der Gestaltung der Arbeitswelten.

Dieses Buch zeigt die Möglichkeiten, die ein Unternehmen im Rahmen der Desktopvirtualisierung hat. Es definiert die Vielzahl der Begrifflichkeiten und Worthülsen, die am Markt kursieren. Es nimmt sich der technischen Anforderungen und wirtschaftlichen Betrachtung der Technologie an und zeigt Verfahrensweisen des Umgangs auf und dies in einer nicht technischen Sprache für Entscheider.

Wir selbst nutzen diese Technologie jeden Tag in unserem Leben, wir schätzen sie, sie bringt uns Freiheiten und ändert unsere Balance zwischen Freizeit und Arbeit in eine für uns höchst angenehme Atmosphäre im Einklang mit Familie und Beruf.

Wir wünschen Ihnen viel Spaß mit der Lektüre und hoffen, dass Sie ein Schritt weit mit uns in diese spannende Zukunft aufbrechen.

Inhaltsverzeichnis

1 Kundenanforderungen

Jede Organisation ist heutzutage mit der Tatsache vertraut, dass die zur Verfügung stehende Informationsmenge täglich immer größer wird und dessen kosteneffiziente Verwaltung und Sicherung diese vor neue Herausforderungen stellt. Aus diesem Grund verbessert eine systemübergreifende Konsolidierung zwischen verteilten Standorten den Zugriff auf Daten und dessen Kontrolle. Dabei spielt die Virtualisierung eine wichtige Rolle in diesem Prozess.

Vielen Organisationen sind die Vorteile der Virtualisierung von Servern und Desktops bekannt und implementieren diese meistens ohne Berücksichtigung der Anforderungen und eine detaillierte Planungsphase vorneweg. Daher ist es äußerst wichtig, die bestehenden Anforderungen zu erfassen und daraus Kriterien zu definieren, um den Erfolg einer virtualisierten Umgebung messen zu können. Grundsätzlich kann man hierbei die Anforderungen in drei Kategorien unterteilen: Business, Operativ und Green IT. Diese werden nachfolgend näher erläutert.

1.1 Business-Anforderungen

Es ist ein vielfach bekannter Konflikt: Der Auftraggeber weiß, was er will, die IT meint zu wissen, was die Benutzer benötigen, und die Anwender sind enttäuscht, dass sie nicht das bekommen, was sie gewünscht haben. Die Anwender erhalten eher das, was aus Sicht der Auftraggeber und der IT für richtig befunden wird. Aber nicht das, was sie wirklich benötigen.

Ein ganz wesentlicher Erfolgsfaktor in IT-Projekten sind klare Ziele, die auf begründeten, realistischen Business-Anforderungen basieren. Die am häufigsten anzutreffenden Business-Anforderungen in Rahmen von Virtualisierungs-Projekten sind nachfolgend aufgeführt und erläutert.

- **Reduzierung von Kosten.** IT-Kosten bestehen aus einer Kombination von einfach kalkulierbaren Faktoren –Hardware und Software, Speicherplatz, Energie und Kühlung, Administration (Investitionskosten und Betriebskosten)– und schwer identifizierbaren Kosten wie z.B. Kosten durch Ausfallzeiten, Produktivität der Benutzer und ökologische Auswirkungen (Indirekte Kosten).
- **Mobilität.** Bedingt durch die heutigen Geschäftsprozesse, Globalisierung und die sogenannte Consumerization (nachfolgend im Kapitel „Consumerization" im Detail beschrieben) ist Mobilität immer häufiger eine Business-Anforderung. Dabei wird mobilen Benutzern die Möglichkeit gegeben, sich auf dem Unternehmens-Campus durch Funkverbindungen oder außerhalb der Unternehmensgrenzen, wie z.B.

Vertriebsmitarbeiter, Ingenieure, die geschäftlich unterwegs sind und auf Unternehmensanwendungen über externe Zugangstechnologien zugreifen müssen. Die Vorteile liegen auf der Hand, denn dadurch wird sichergestellt, dass Informationen und Anwendungen immer und jederzeit zur Verfügung stehen. Dies hat positive Auswirkungen auf die Geschäftsprozesse, die dadurch effizienter gestaltet werden können und geschäftskritische Transaktionen zeitnah ausgeführt werden können. Des Weiteren werden damit neue Arbeitskonzepte geschaffen, wie z.B. Telearbeitsplätze.

- **Security (Schutz des Intellectual Property IP).** Sicherheit ist heutzutage eine äußerst wichtige Anforderungen, da Unternehmensdaten immer mehr in Form von digitalen Informationen zur Verfügung stehen, die geschützt werden müssen, da es ein Unternehmen erheblich schwächen oder sogar ruinieren kann, wenn diese in falsche Hände kommt. Daher bietet die Virtualisierung und die damit zusammenhängende Möglichkeit zur Konsolidierung von Serverressourcen und neuerdings auch von physischen Desktops eine Option an, Unternehmensdaten zu zentralisieren und sicher ihren Benutzern zur Verfügung zu stellen. Ein Beispiel hierfür ist die Bereitstellung von virtuellen Desktops, die im Rechenzentrum auf einer virtualisierten Infrastruktur laufen, an externe Anwendungsentwickler. Somit bleiben Desktop, Anwendung und Daten im Unternehmen und verlassen nicht das Rechenzentrum, da nur Bildschirmaktualisierungen die Unternehmensgrenzen verlassen.

- **Verbesserung der Effizienz.** Die derzeitigen wirtschaftlichen Umstände erfordern die Devise „Do more with less". Wenn man berücksichtigt, dass viele Unternehmen ihre IT-Budgets nicht gerade erhöhen, sondern eher sogar verringern, muss nun die IT zusehen, wie man mit weniger mehr erreichen kann. Dabei sind die meisten Budgets ohnehin für die Instandhaltung und Erneuerung von veralteter Hardware vorgesehen und die IT-Abteilungen verbringen im Durchschnitt mehr als 80% ihrer Zeit mit dem Betrieb der IT-Landschaft, womit nicht viel Zeit für innovative Projekte bleibt. Aus diesem Grund kann durch die Virtualisierung eine bessere Effizienz erreicht werden – sowohl technisch als auch betriebswirtschaftlich. Die Virtualisierung ermöglicht eine wesentlich bessere Ausnutzung von Serverressourcen, da diese von mehreren virtuellen Maschinen geteilt wird als im klassischen Modell mit physischen Servern, wo die Auslastung im Durschnitt 10% - 20% ist. Durch Einsparungen an Serverhardware, werden nicht nur die Kosten gesenkt, aber auch die Administration von physischen Servern ist geringer. Natürlich hat sich die logische Anzahl von Servern nicht verringert, denn diese werden weiterhin betrieben – als virtuelle Maschinen. Jedoch gibt es heutzutage viel flexiblere Möglichkeiten für die

Administration von virtuellen Maschinen als für physische Maschinen, womit sich nun die IT mit anderen Projektthemen beschäftigen kann, für die vorher keine Ressourcen in Form von Zeit bereitstanden.

- **Outsourcing.** Dies ist ein beliebtes Modell der Auslagerung von Unternehmensaufgaben oder -strukturen an Drittunternehmen und ist eine populäre Vorgehensweise in der IT seit den 1990er Jahren. Ein populäres Outsourcing ist oftmals die Auslagerung von Arbeitsplätzen in kostengünstigere Länder oder Drittunternehmen zwecks Reduzierung von Kosten. Dabei werden durch Virtualisierungs-Technologien die notwendige Arbeitsumgebung durch virtuelle Anwendungen oder virtuelle Desktops bereitgestellt.
- **Flexibilität und Agilität.** Die Geschäftsprozesse von vielen Unternehmen müssen sich immer schnell an Marktgegebenheiten anpassen oder werden durch z.B. organisatorische Veränderungen durch Akquisitionen beeinflusst. Die Erwartung an die IT ist daher hoch, dass diese sich flexibel und agil an die Veränderungen anpasst. Die klassischen Client/Server-Modelle sind daher nicht mehr geeignet und zeitgemäß, da diese zu starr sind. Durch neuere Lösungsansätze wie die Virtualisierung von Servern und Desktops kann die IT sich wesentlich dynamischer gestalten, ohne Einbußen hinnehmen zu müssen. Hierbei ist es äußerst wichtig, dass die IT in die Entscheidungen der Unternehmensführung mit eingebunden wird, um hier Diskrepanzen zu eliminieren und die Geschäftsprozesse entsprechend zu unterstützen.

1.2   Operative Anforderungen

Die operativen Anforderungen der IT beziehen sich meistens auf die Prozesse, um den Betrieb zu gewährleisten und das Unternehmen in ihren Geschäftsabläufen zu unterstützen.

Die Grundlagen der heutigen Wirtschaft haben sich geändert und erhöhen den finanziellen Druck auf Organisationen, womit sich die IT hinsichtlich Kosteneinsparungen wesentlich schneller optimieren muss verglichen mit einer boomenden Wirtschaft, wo der Kostendruck geringer ausfällt. Deswegen gewinnen Lösungsansätze wie Cloud Computing, Konsolidierung und Virtualisierung immer mehr an Interesse, um genau die Herausforderungen bzgl. Kosteneinsparungen zu adressieren.

- **Cloud Computing.** Das sogenannte "Rechnen in der Wolke" ist immer mehr eine interessante Option für viele Unternehmen, da bestimmte Bereiche oder die ganze IT nicht mehr selbst betrieben bzw. bereitgestellt, sondern über einen oder mehrere Anbieter bezogen wird. Die Anwendungen und Daten befinden sich nicht mehr auf dem lokalen

Rechner oder im Unternehmensrechenzentrum, sondern – bildlich gesprochen – in der Wolke *(Cloud)*. Man kann dies leichter veranschaulichen, wenn man sich vor Augen hält, dass in typischen Netzwerkdiagrammen das Internet immer als Wolke visualisiert wird. Der Zugriff auf diese entfernten Systeme erfolgt über ein Netzwerk. Ähnliche Ansätze gab es bereits früher in Form von ASP (Application Service Provider) oder SaaS (Software as a Service) durch Drittunternehmen, jedoch erst durch die Virtualisierung wird das Ganze viel effektiver und nimmt neue Formen durch das Cloud Computing an. Ein gutes Beispiel hierfür ist das Angebot EC2 von Amazon (http://aws.amazon.com/ec2), das primär die Möglichkeit bietet, Webdienste auszulagern. Jedoch kann man heute das bestehende Angebot durchaus für andere Zwecke nutzen.

- **Dynamisches Provisioning.** Mit Hilfe der Virtualisierung werden neue Möglichkeiten geschaffen, um auf Veränderungen schneller reagieren zu können. Ein Ansatz ist der Prozess des dynamischen Provisionierens von Servern oder Desktops. Vor allem im Server-Bereich kann man viel flexibler auf extreme Auslastungszeiten der Ressourcen reagieren, wie z.B. die schnelle Bereitstellung von zusätzlichen Server-Ressourcen für die monatliche Berichterstellung, wodurch mehr Rechenleistung erforderlich ist, die zu regulären Arbeitszeiten nicht notwendig ist.

- **Business Continuity.** Aufgrund der Abhängigkeit der Geschäftsabläufe von der IT ist es äußerst kritisch, dass die IT-Umgebung verfügbar ist. Dies betrifft jegliche Formen von Ausfällen, wie z.B. Hardware, Netzwerk, bis hin zu Rechenzentrum-Ausfall. Für derartige Situationen muss die IT gewappnet sein – sei es durch bewährte Backup- und Wiederherstellungsverfahren und Disaster Recovery Prozesse. Die Virtualisierung kann hierbei behilflich sein, denn letztendlich ist eine virtuelle Maschine auf Datei-Ebene betrachtet lediglich eine Datei im Vergleich zu einem physischen Server, der zusätzlich auch von der Hardware abhängig ist.

- **Skalierbarkeit.** Die Erwartungshaltung von Benutzern und die Ressourcenanforderungen von Anwendungen steigt bei jeder neuen Einführung von Technologien und damit verbunden auch die Anforderungen an die Skalierbarkeit von System. Berücksichtigt man den Alltag der heutigen Benutzer, arbeiten diese sehr oft nicht mit einer Anwendung, sondern mit mehreren, die meist parallel geöffnet sind und auch Daten untereinander austauschen. Daher müssen Skalierbarkeitsanforderungen ermittelt und definiert werden, da diese sich auf Redundanz der Systeme und, im Falle von Cloud Computing, auf die benötigten Ressourcen auswirken.

1.3   Green IT

Die zuvor angesprochenen Anforderungen fließen teilweise mit in das Thema Green IT ein, vor allem aus Kosten-Gesichtspunkten. Green IT ist sowohl die effiziente Nutzung von IT-Ressourcen als auch deren ökologisch freundliche Entsorgung. Dabei können Bereiche wie Regularien, Entsorgung von Elektromüll, Virtualisierung von Server-Ressourcen und Energienutzung der Ressourcen den ROI einer IT-Lösung betreffen.

Am besten, man fängt mit dem Rechenzentrum an. Der Energieverbrauch in einem Rechenzentrum ist primär durch zwei Faktoren bestimmt: Server und Klimaanlagen. Erhöhung der Serverdichte verstärkt das ganze Problem noch mehr. Eine Gartner-Studie besagt, dass mehr als 69% der Rechenzentren durch Strom, Kühlung und Platz in ihrem weiteren Ausbau limitiert sind. Viele Server-Hardware - Hersteller haben bereits diese Herausforderung angenommen und bieten immer mehr Energie-effiziente Server an. Der Vorteil liegt auf der Hand: Server, die weniger Energie verbrauchen, erzeugen auch weniger Wärme, das wiederum weniger Energie für die Kühlung der Server erfordert.

Die Server-Virtualisierung ist ein heute bereits vielfältig genutzter, sehr guter Ansatz, denn die physischen Server-Ressourcen sind im Durschnitt nicht genug ausgelastet. Da grundsätzlich durch die Virtualisierung Server-Ressourcen wesentlich effizienter genutzt werden können, verringert dies die Anzahl der benötigten Server in einem Rechenzentrum.

Den gleichen Ansatz kann man auf Desktops anwenden, die sich außerhalb des Rechenzentrums befinden. Diese mögen im Schnitt 100 Watt verbrauchen, aber wenn man sich die schiere Anzahl von Desktops in einem Unternehmen anschaut, ist dies eine immense Summe. Studien entsprechend kann ein Unternehmen bis zu 25% hier an Kosten einsparen, wenn entsprechende Power Management Tools verwendet würden. Jedoch möchte jeder Benutzer sein Desktop alleine verwalten, und derzeit ist eine zentrale Steuerung durch die IT zu aufwendig. Aus diesem Grund könnte eine Desktop-Landschaft, die als virtuelle Desktops durch ein zentrales Rechenzentrum bereitgestellt wird und Benutzer auf diese über Thin Client zugreifen, entsprechend entgegen wirken.

Ebenso können Thin Clients durch Benutzer verwendet werden, um auf zentrale Anwendungen zuzugreifen, die durch Terminal Server-Technologien bereitgestellt werden. Dabei greifen mehrere Benutzer gleichzeitig auf Anwendungen auf ein und denselben Server zu und teilen sich somit die Ressourcen anstatt dass jeder Benutzer die gleichen Anwendungen auf einen physischen Desktop lokal ausführt.

Green IT wird mehr und mehr eine unerlässliche Aufgabe für Unternehmen, um die Kontrolle über den Energieverbrauch zu übernehmen. Jedoch ist die effektivste Sparmaßnahme immer noch der gesunde Menschenverstand.

2   End-to-End-Virtualisierung

„Virtualisierung" – Das aktuelle Schlagwort der IT ist in aller Munde und mittlerweile in nahezu jeder Produktbeschreibung dieser Tage zu finden, denn die Virtualisierung ist „Hip". Dabei ist der Begriff alles andere als eindeutig, da auch die zu Grunde liegenden Technologien ein sehr breites Feld mit den unterschiedlichsten Herangehensweisen abdecken. Ein sehr offener Definitionsversuch lautet wie folgt: „Virtualisierung bezeichnet Methoden, die es erlauben, Ressourcen (wie Server, Applikationen, Desktops, Storage, etc.) mit Hilfe von Software zu abstrahieren und damit die Möglichkeit zum zentralen Zusammenzufassen oder Aufteilen zu erhalten".

Dabei kommt es jedoch auf den Einsatzbereich an, ob aufgeteilt oder zusammengefasst wird. Ein Beispiel für das Zusammenfassen von Ressourcen ist die Storagevirtualisierung, in der Datenspeichersysteme verschiedener Hersteller bzw. Leistungsklassen zusammengeschlossen und als ein großes virtuelles Gebilde mit einem einheitlichen Managementinterface dargestellt werden.

Beispiele für das Aufteilen physischer Ressourcen finden sich z.B. im Bereich der Netzwerkvirtualisierung (vLANs) oder der Servervirtualisierung, bei der ein großer Host in kleinere virtuelle Maschinen aufgeteilt wird. Diese Aufteilung ermöglicht eine effizientere Auslastung der physischen Hardware, was wiederum den Stromverbrauch und die anfallende Abwärme in einem Rechenzentrum verringert und somit den Geldbeutel schont.

Diese Arten der Virtualisierung sind recht traditionelle Vertreter dieser Technologie und in einzelnen Ausprägungen schon seit einigen Jahren am Markt bekannt und etabliert. Im Wesentlichen beschränkte sich dieser Markt jedoch auf die Rechenzentren mittlerer bis großer Unternehmen, da es bisher einer gewissen kritischen Masse bedurfte, um den Nutzen trotz der teils deutlich erhöhten Komplexität deutlich erkennen zu können (Stichworte Kosten und Komplexität). Die neuesten Entwicklungen gehen jedoch vermehrt den Weg der Vereinfachung – neudeutsch „Simplification". So werden zum Beispiel die Softwarekomponenten, welche zum Virtualisieren von Serversystemen benötigt werden (engl. Hypervisor), direkt ab Werk in die Serverhardware eingebaut und mit Managementwerkzeugen versehen, die einen Betrieb direkt von der Konsole eines Systems aus ermöglichen. Eine große zentrale Management-Infrastruktur ist somit nicht mehr zwingend erforderlich und macht den Einsatz auch in kleinen Umgebungen interessant.

Auch wurden neue Felder erschlossen, die den Fokus mehr auf die Welt der Benutzer legen. Den Startschuss für diese Bereiche der Virtualisierung gab die

Anwendungs- bzw. Softwarevirtualisierung. Dabei werden Anwendungen in mehr oder minder eigenständigen Kapseln isoliert und ermöglichen eine erhöhte Portierbarkeit bei gleichzeitig geringerem Integrationsaufwand.

Ein weiteres Beispiel der „neuen" Virtualisierung, ist die Desktopvirtualisierung. Dies ist auch gleichzeitig der prominenteste und neueste Vertreter, der eine regelrechte Euphorie in den Unternehmen ausgelöst hat. Hierbei wird das komplette Betriebssystem, das einem Benutzer am Arbeitsplatz zur Verfügung steht, virtualisiert und in das Rechenzentrum verlagert. Die Ausgabe der Bildschirminhalte, sowie die Eingabe von Informationen über Maus oder Tastatur bzw. das Anbinden von Peripheriegeräten wird in diesem Fall über proprietäre Netzwerkprotokolle der einzelnen Hersteller bewerkstelligt. Die Vorteile liegen hier bei einfacherem Management, erhöhter Datensicherheit, sowie besserer Skalierbarkeit bei hohen Performance-Anforderungen wie zum Beispiel im Entwickler- oder Aktienhandelsumfeld.

Wie unschwer zu erkennen ist, handelt es sich beim Thema Virtualisierung um ein gleichermaßen komplexes wie auch weitläufiges Feld. Um etwas mehr Übersicht zu ermöglichen, haben wir im Folgenden eine Liste der angesprochenen Virtualisierungstechnologien erstellt.

Hierauf werden wir im Folgenden noch näher eingehen:

- Plattformvirtualisierung – Serverseitig
- Plattformvirtualisierung – Clientseitig
- Softwarevirtualisierung
- Onlinevirtualisierung
- Desktopvirtualisierung

Diese Themen werden nicht näher betrachtet:

- Netzwerkvirtualisierung
- Storagevirtualisierung

2.1   Die Lösungen im Detail

In diesem Abschnitt betrachten wir die für den Bereich der Virtualisierung im Umfeld der Arbeitsplätze relevantesten Virtualisierungstechnologien in detaillierter Art und Weise und gehen dabei auf die Vor- bzw. Nachteile sowie Risiken ein. Um die folgenden Kapitel in ihrer Gesamtheit verstehen und das erworbene Wissen anschließend auch fallbezogen anwenden zu können, ist es von großer Wichtigkeit, sich mit den diskutierten Virtualisierungstechnologien eingehend zu beschäftigen.

2.1.1 Virtuelle Betriebssystemumgebungen - Plattformvirtualisierung

Der Start unserer gedanklichen Reise durch die verschiedenen Techniken der Virtualisierung beginnt ganz unten, direkt über der Hardware. An dieser Stelle, an der „normalerweise" nahtlos das Betriebssystem beginnt (sei es nun Windows, Linux oder Mac OS), befindet sich die erste Schicht der Virtualisierung – die sogenannten **Typ 1 – Hypervisor**. Diese Art der Hypervisor sind kleine Minibetriebssysteme, die sich im Wesentlichen nur um die Partitionierung der Hardware, also die Aufteilung in kleinere logische Stücke, kümmern. Hinzu kommt noch ein Kontrollsystem, das meist aus einer speziell für diesen Zweck autorisierten Virtuellen Maschine besteht und sich neben dem Zugang zu Netz- und Festplattensystemen auch um die allgemeinen Wartungsaufgaben eines derartigen Systems kümmert. Hier sitzt also der Hauptteil der „Intelligenz" des Konstrukts.

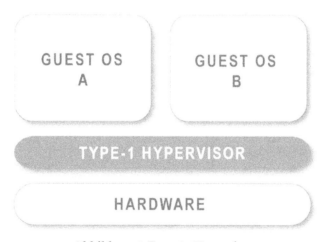

Abbildung 1: Type 1 - Hypervisor

Von oben, also aus den Augen eines „richtigen" Betriebssystems betrachtet, sieht jeder der Partitionen wie ein vollständiger Computer aus, wobei jedes System nur seinen eigenen Bereich zu sehen bekommt, und Hardwarezugriffe, die systemweite Auswirkungen haben könnten, werden vom Hypervisor abgefangen und in unschädliche Befehle umgesetzt.

Im Zuge der Weiterentwicklung in den letzten Computergenerationen wird nun ein großer Teil der eigentlichen Virtualisierungsaufgaben direkt von den Prozessoren (CPUs) und den darin eingebetteten Technologien, wie zum Beispiel Intel-VT oder AMD-V, übernommen.

Diese Entwicklung führte in den letzten Jahren zu immer geringeren Geschwindigkeitseinbußen (umgangssprachlich auch „Overhead") bei der Virtualisierung von Betriebssystemen. Die Höhe der Verwaltungslast ist natürlich stark von den Aufgaben der virtuellen Gäste abhängig, liegt aber im Regelfall irgendwo zwischen 5% und 15%.

Mit diesem Overhead, der effektiv natürlich nicht für die Arbeitslasten eines Unternehmens zur Verfügung steht, erkauft man sich unter anderem eine um Größenordnungen höhere Flexibilität bei Wartung und Betrieb von Computersystemen. Denn jede der virtuellen Partitionen sieht unabhängig von der darunterliegenden Hardware exakt gleich aus. Somit ist es möglich, die Gastsysteme im laufenden Betrieb und ohne Unterbrechung der Arbeit von einer Hardware auf eine andere zu verschieben, um zum Beispiel die darunterliegende Hardware zu warten.

Einen weiteren Vorteil, der sicherlich auch einer der gewichtigsten ist, stellt die Möglichkeit einer optimalen Auslastung von Serverhardware dar. Denn Studien haben ergeben, dass Serversysteme im Durchschnitt nur zu ca. 10% ausgelastet sind. Mit Hilfe der Virtualisierung ist es möglich, mehrere dieser Server auf einer Hardware zu vereinen und so an physischen Systemen und damit an Strom, Klimaanlage, Platz und Wartungsaufwand im Rechenzentrum zu sparen. Im Rechenzentrumsumfeld sind Konsolidierungsratio von 1:10 bis 1:20 nicht unüblich.

Ein typisches Beispiel für einen Typ 1 – Hypervisor, ist der XenServer (siehe Abbildung) von Citrix Systems, bei dem neben den virtuellen Instanzen für die Gastbetriebssysteme auch immer eine Verwaltungsinstanz (Virtualization Stack / Dom0) betrieben wird. Diese regelt unter anderem den Zugang zu Netzwerk- und Storageressourcen.

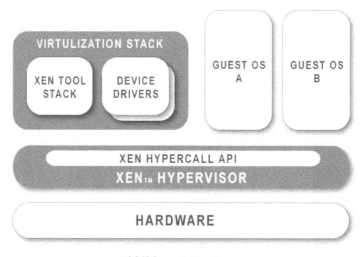

Abbildung 2: XenServer

Der Vollständigkeit halber, seien in diesem Abschnitt auch die **Typ 2 – Hypervisor** erwähnt. Hier setzt die Virtualisierungsschicht im Gegensatz zu den oben beschriebenen Typ 1 – Hypervisors nicht direkt auf der Hardware auf, sondern auf einem kompletten Betriebssystem.

Auch hier wird eine Hardware in kleine Partitionen zerteilt und den virtuellen Gästen ein „kompletter" Computer zur Verfügung gestellt. Jedoch kann auf Grund der Abstraktionsschicht des darunterliegenden Betriebssystems die Hardware, wie Prozessoren oder der Arbeitsspeicher, von den Gastsystemen nicht direkt angesprochen werden, sondern muss aufwändig emuliert werden.

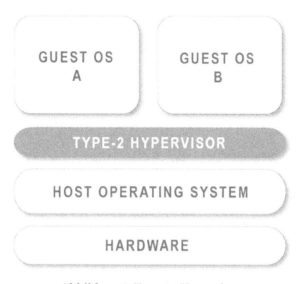

Abbildung 3: Type 2 - Hypervisor

Der durch die Emulation entstehende Overhead ist natürlich ungleich größer als bei Typ 1 – Hypervisors und macht diese Technologie nicht für einen Einsatz im großen und produktiven Rahmen attraktiv. Es ist jedoch in Testumgebungen sehr weit verbreitet.

Zusammenfassung

Typ 1 – Hypervisor: Läuft direkt auf der Hardware und erlaubt den virtuellen Gästen einen teilweise direkten Zugriff auf die Hardware.

→ Wenig Overhead, große Stabilität

Typ 2 – Hypervisor: Benötigt ein komplettes Betriebssystem als Grundlage. Alle Hardwarezugriffe der virtuellen Gäste müssen mit Emulation umgesetzt werden.

→ Viel Overhead, eingeschränkte Stabilität durch großen Unterbau

Tabelle 1:   Übersicht der Lösungen im Bereich der Plattformvirtualisierung

Hersteller	Lösung (aktuelle Version)	Hypervisor Typ
Citrix Systems	XenServer (5.6)	Typ 1
Microsoft	Hyper-V (R2)	Typ 1
	Virtual Server / PC (2008)	Typ 2
Parallels	Virtuozzo (4.6)	Typ 1/2
VMware	vSphere 4.1 (ESX)	Typ 1
	Workstation (7.1) Server (2)	Typ 2

2.1.2 Client Hypervisor

Ein Client Hypervisor unterscheidet sich in der Grundarchitektur nur in Details von dem bereits beschriebenen Typ 1 Hypervisors aus dem Rechenzentrumsumfeld. Jedoch wird hierbei nicht auf Serverhardware aufgesetzt, sondern es kommen ganz gewöhnliche Arbeitsplatz-PCs oder Laptops zum Einsatz. Dies erfordert neben dem Schaffen einer einfach zu bedienenden Benutzeroberfläche, auch das Einbeziehen von USB-Schnittstellen, Grafikhardware oder Technologien zum Verlängern der Akkulaufzeiten in das Virtualisierungskonstrukt. Auch das Ziel dieser Technologie ist ein ganz anderes. Während es im Rechenzentrum im Wesentlichen um die Konsolidierung von Systemen und Arbeitslasten geht, ist das Ziel eines Client Hypervisors die Verringerung der operationellen Kosten durch eine Entkoppelung von Hard- und Software auf dem Endgerät, sowie eine Flexibilisierung im Betrieb der Desktops.

Durch die Maskierung der eigentlichen Hardwarekomponenten mit Hilfe des Hypervisors, wird die Pflege der Desktopbetriebssysteme stark vereinfacht, da nur ein Treiberset erstellt und gewartet werden muss, auch wenn die darunterliegenden Systeme große Unterschiede aufweisen. Auch ist es möglich die Betriebssysteme in kürzester Zeit von z.B. einem Laptop auf einen Arbeitsplatzrechner oder den Computer zu Hause zu übertragen, wenn sich das Aufgabengebiet eines Mitarbeiters ändert oder die Ausgangshardware beschädigt wurde und repariert werden muss. Voraussetzung hierfür ist, dass alle verwendeten Systeme einen Client Hypervisor aufweisen.

Die folgende Grafik stellt die Architektur eines Client Hypervisors anhand des Citrix XenClients dar.

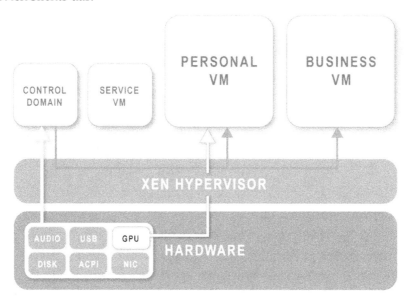

Abbildung 4: XenClient

Neue Möglichkeiten im Umgang mit Desktopbetriebssystemen bietet diese Technologie natürlich auch. So ist es möglich ein Betriebssystem samt Konfigurationen und Anwendungen in Form einer virtuellen Appliance zu verpacken und diese externen Mitarbeitern, Home Office - Benutzern oder Mitarbeitern mit privaten PCs (siehe Kapitel Consumerization – Bring your own PC) auszuhändigen. Diese verfügen dann im Handumdrehen über ein System mit unternehmenskonformer Konfiguration, ohne dass langwierige Installations- oder Integrationsprozesse von Nöten waren. Der Client Hypervisor bzw. dessen Managementinstanz kümmert sich nun im weiteren Verlauf um die Sicherheit der Firmendaten (z.B. durch Sperren von USB-Geräten, Verschlüsseln der virtuellen Maschine (VM) oder Löschen der ganzen Appliance im Falle eines Diebstahls), Lizenzkonformität (Verfallsdatum der VM) oder das Sichern der Daten ins Rechenzentrum.

Möglich wird auch ein Szenario, bei dem der Benutzer eine persönliche Umgebung für den privaten Gebrauch parallel neben einer geschäftlichen Umgebung betreibt.

Tabelle 2:   Übersicht der Lösungen im Bereich der Client Hypervisor

Hersteller	Lösung (aktuelle Version)
Citrix Systems	XenClient 1.0
Microsoft	Microsoft Enterprise Desktop Virtualization (MED-V) 1.0
VMware	vClient (noch nicht erschienen)

2.1.3   Softwarevirtualisierung

Im Gegensatz zu den bereits besprochenen Hypervisors, werden bei der Softwarevirtualisierung nicht ganze Betriebssysteme, sondern nur einzelne Anwendungen bzw. Systemkomponenten in virtuelle Hüllen / Kapseln gepackt. Dabei gibt es zwei grundlegend verschiedene Ansätze – **Isolation** und **Online Virtualisierung** –, die wir in den folgenden Abschnitten ein wenig näher betrachten werden.

2.1.3.1 Isolation

Grundkonzept der Isolation von Software ist das Erstellen eines virtuellen Containers oder in mancher Terminologie auch virtuelle Umgebung oder „Isolation Environment" genannt, in der eine Anwendung weitgehend unabhängig vom darunter liegenden Betriebssystem oder parallel laufender Anwendungen betrieben werden kann. Im Umkehrschluss schotten die virtuellen Container natürlich auch das umliegende System von der isolierten Anwendung ab.

Somit findet eine Entkopplung von Anwendungen und dem Betriebssystem statt und man findet sich im Einzugsgebiet der klassischen Definition der Virtualisierung wieder. Dabei ist jedoch zu beachten, dass diese Technologie Grenzen der Betriebssystemplattformen, wie z.B. Windows, Linux, Mac OS, nicht überschreiten kann.

Ein weit verbreiteter Ansatz der Isolation von Anwendungen ist der Einsatz einer Laufzeitumgebung oberhalb eines Betriebssystems. Bei diesem Verfahren wird eine spezielle Systemumgebung für eine Anwendung bereitgestellt. Diese Systemumgebung stellt der Anwendung alle zur Ausführung notwendigen Voraussetzungen zur Verfügung.

Die Anwendung läuft in dieser speziellen Laufzeitumgebung und wird vom Hostsystem isoliert, wobei der Zugriff auf das Hostsystem über speziell definierte

Programmierschnittstellen geregelt wird. Bekannte Beispiele dieser Technologie ist zum Beispiel das Java Runtime Environment von SUN (Java VM) oder das .Net-Framework mit der Common Language Runtime von Microsoft.

Im Rahmen der Beschreibung der Virtualisierungsansätze dieses Buches wird das Hauptaugenmerk jedoch auf einem viel weitergehenderen Ansatz gerichtet. Hierbei kommt eine komplette Virtualisierungsschicht zwischen dem Betriebssystem und der Anwendung zum Einsatz, die alle Datei- und Registrierungsoperationen der virtualisierten Anwendung abfängt und diese zu einem vordefinierten Ort umleitet. Diese Virtualisierungsschicht ist für die Anwendung komplett transparent, was einen Einsatz mit verschiedensten Anwendungen ermöglicht. Obwohl sich die Techniken der einzelnen Hersteller teils deutlich unterscheiden, ist das Vorgehen um eine Anwendung isoliert bzw. virtualisiert auf einem System bereitzustellen fast immer gleich.

Zu Beginn wird eine Anwendung dem eigentlichen Virtualisierungsprozess unterzogen. In dem Profiling oder Sequencing genannten Verfahren wird das Programm auf einem Referenzsystem installiert und in ein herstellerspezifisches Format übertragen. Dabei kommt entweder ein Snapshotverfahren, also ein Vorgehen, bei dem ein Vorher- / Nachher- Vergleich erstellt und das Delta, das die Programmteile enthält, in das Isolationspaket geschrieben wird, zum Einsatz, oder die Anwendung wird direkt in die Isolationsumgebung hinein installiert, so dass schon bei der Installation die Virtualisierungsschicht zum Tragen kommt und das Referenzsystem nicht durch die Installation „verschmutzt" wird.

Anschließend wird das Paket in einer zentralen Ablage, wie zum Beispiel einer Netzwerkfreigabe oder einer Datenbank, zur Verfügung gestellt. Die nun folgenden Schritte hängen stark von der verwendeten Lösung ab. Während bei professionellen Ansätzen die virtualisierten Anwendungen einzelnen Benutzern bzw. Benutzergruppen zugewiesen und mit „Haltbarkeitsdaten" versehen werden, sehen andere Hersteller diese Möglichkeit nicht vor, so dass alle Anwendungen jedem Anwender zur Verfügung stehen und es keine zentrale Kontrolle über deren Verwendung innerhalb oder außerhalb eines Unternehmens gibt.

Die Übertragung der Pakete zum Benutzer bzw. dessen PC erfolgt in den meisten Fällen mit Hilfe eines Streaming genannten Verfahrens. Dabei werden die Daten meist per SMB-Protokoll übertragen. Für Benutzer, die sich außerhalb des Unternehmensnetzwerkes befinden, bieten einige Hersteller die Möglichkeit einer Übertragung auf HTTP / HTTPs - Basis an. Unabhängig vom Protokoll werden zuerst die Informationen, die zum Aufbau der Isolationsumgebung auf dem Zielsystem notwendig sind, über das Netzwerk übertragen. Diese Informationen werden von der auf dem PC installierten Clientkomponente empfangen und entsprechend verarbeitet. Anschließend lädt die Clientkomponente all die Dateien, die zum initialen Start der Anwendung notwendig sind. Je nach Bedarf der Anwendung, werden im Hintergrund weitere Komponenten nachgeladen. Dieses

Verfahren ermöglicht einen schnellen Start der Programme bei gleichzeitig verhältnismäßig geringem Bandbreitenbedarf. Für Sonderfälle ist es auch möglich, die Isolationspakete komplett auf einer CD / DVD oder mit Hilfe der Enterprise Software Deployment (ESD) - Infrastruktur zu verteilen.

Bei der Ausführung der Anwendung kommt wie bereits erwähnt eine Isolationsumgebung zum Einsatz, die auch sehr häufig als Sandbox bezeichnet wird. Diese Sandboxes sind mit einem komplexen Regelwerk ausgestattet, mit dem alle Zugriffe der isolierten Anwendung auf Betriebssystemressourcen wie z.B. Dateien oder Werte der Registrierung, sowie die Zugriffsmöglichkeiten auf andere Isolationsumgebungen gesteuert werden. Die Regeln sind im Anwendungspaket hinterlegt und können nur von den Administratoren verändert werden.

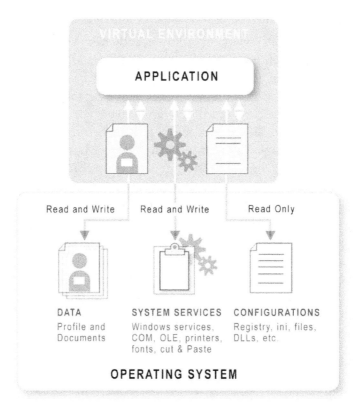

Abbildung 5: Application Isolation

Die Vorteile der Isolation von Anwendungen liegen klar im Bereich des Managements von Software, da z.B. eine Verteilung isolierter Programme auf Computern innerhalb oder gegebenenfalls auch außerhalb eines Unternehmens nahezu ohne Kenntnis der Zielsysteme durchgeführt werden kann. Einzig die

Grenzen der verschiedenen Betriebssystemplattformen stellen auch nahezu unüberwindbare Grenzen für die Softwarevirtualisierung dar.

Ein weiterer Vorteil liegt im Bereich des Testens. Durch die Abschottung von Anwendungen untereinander werden auch die Wechselwirkungen untereinander auf ein absolutes Minimum beschränkt. Dies wiederum lässt die typischerweise sehr aufwändigen Regressionstests der Vergangenheit angehören.

Erkauft wird diese Flexibilität durch den beim Betrieb der Container entstehenden Overhead. Die Höhe dieses Overheads ist dabei stark von der verwendeten Technologie, dem Abschottungsgrad und der Verhaltensweise der isolierten Anwendungen abhängig. Auch kann eine Isolation von Anwendungen untereinander eine Erhöhung der Komplexität zur Folge haben. Denn nur in seltenen Fällen laufen Anwendungen komplett monolithisch, sondern haben Anhängigkeiten zu anderen Programmen oder Systemkomponenten. Diese Abhängigkeiten können mit verschiedenen Technologien wie Zugriffsregelwerken oder Kommunikation zwischen Containern, der sogenannten Inter-Isolation Communication, adressiert werden, setzen aber eine genaue Kenntnis der Anwendungslandschaft sowie eine eingehende Planung voraus.

Tabelle 3:   Übersicht der Lösungen im Bereich der Isolation

Hersteller	Lösung (aktuelle Version)
Citrix Systems	XenApp (6.0)
Microsoft	App-V (4.6)
VMware	ThinApp (4.5)

2.1.3.2 Online-Virtualisierung

Bei der Online-Virtualisierung von Anwendungen wird im Gegenzug zur Isolation kein Container um eine Anwendung bzw. Anwendungsgruppe erzeugt, sondern die Anwendungen werden auf zentralen Systemen installiert und den Benutzern über das Netzwerk zu Verfügung gestellt. Bei Bedarf wird die Anwendung selbst auf den zentralen Systemen gestartet und nur die Bildschirmausgabe wird zum Benutzer übertragen. Im Gegenzug werden vom Computer des Benutzers alle Eingaben – kommen sie nun von der Maus, der Tastatur oder einem Peripheriegerät – über das Netzwerk an die Anwendung gesendet.

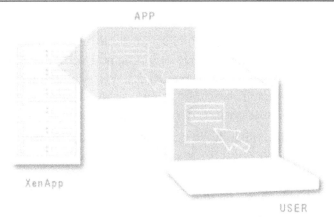

Abbildung 6: XenApp

Diese Art der Virtualisierung ist neben der Virtualisierung von Betriebssystemen die am längsten am Markt etablierte. Seit ungefähr 20 Jahren ist dies das Metier von Citrix Systems und deren, in den neuesten Versionen „XenApp" genannten, Hauptprodukt, das, bedingt durch ein Lizenzabkommen, zu Teilen in jedem Microsoft Windows Server als sogenannte Terminal Services vorhanden ist.

Die Vorteile der Online-Virtualisierung von Anwendungen liegen bei der vollständigen Entkoppelung von Programmen und dem Betriebssystem. Dabei ist die Separation so weit fortgeschritten, dass die Anwendungen selbst von unterschiedlichsten Betriebssystemplattformen, wie Linux, Windows, Symbian, Windows Mobile, Mac OS oder auch Googles Android aus genutzt werden können.

Ein weiterer Vorteil liegt bei der stark vereinfachten Anwendungsbetreuung, da alle Instanzen eines Programmes auf zentral betriebenen Serversystemen laufen. Dabei hängt die genaue Zahl der Systeme von den Anforderungen der darauf betriebenen Applikationen sowie deren Verwendung durch die Benutzer, in Bezug auf Nutzungsdauer sowie -intensität, ab. Ein typischer Benutzer je Server - Verhältnis liegt dabei im Bereich von 40 bis 90 Nutzern je Server bei 32-Bit - Plattformen, sowie mehreren hundert Nutzern je Server bei 64-Bit - Plattformen. Dies bedeutet, im Falle einer Anwendungsaktualisierung auf einem einzigen zentralen System, werden im Idealfall ganze Unternehmensbereiche mit der neuen Software versorgt.

Somit kann mit verhältnismäßig wenig administrativem Aufwand eine hoch flexible Anwendungslandschaft für Benutzer eines Unternehmens zur Verfügung gestellt werden. Dies hilft die Gesamtkosten auf geringem Niveau zu halten.

Nicht vergessen werden sollte natürlich auch der Sicherheitsaspekt. Da weder die Anwendungen, noch – und vor allem – die Daten das Rechenzentrum verlassen, ist ein Verlust der Daten an dritte ausgeschlossen.

Allgemein birgt die Technologie natürlich auch das Risiko, bei einer fehlerhaften Software ebenso weite Bereiche lahm zu legen. Bei näherer Betrachtung ist eine derartige Gefahr bei allen zentralisierten sowie hochgradig integrierten Systemen bzw. Technologien vorhanden, jedoch wird sie in diesem Zusammenhang sehr plakativ sichtbar. Ein gut organisiertes, im besten Falle ITIL-basiertes Release und Change Management, ist somit ein unabdingbarer Bestandteil derartiger Infrastrukturen.

Die Herausforderungen dieser Technologie liegen im Bereich der Anbindung der Benutzerarbeitsplätze, gerade wenn diese in abgelegenen bzw. weit entfernten Regionen liegen, sowie der Kompatibilitätsanforderungen, die an die Anwendungen gestellt werden, da sich ein serverbasiertes Multi-User - Umfeld doch sehr stark von einer Einzelplatzinstallation unterscheidet.

Ein Nachteil der Online-Virtualisierung ist die Tatsache, dass zu jeder Zeit eine aktive Netzwerkverbindung zu den zentralen Serversystemen bestehen muss. Andernfalls können Bildschirminhalte sowie Maus- und Tastatureingaben nicht ausgetauscht und die Programme somit nicht bedient werden.

Tabelle 4:   Übersicht der Lösungen im Bereich der Onlinevirtualisierung

Hersteller	Lösung (aktuelle Version)
Citrix Systems	XenApp (6.0)
Ericom Software	PowerTerm WebConnect (5.6.1)
Microsoft	Remote Desktop Services (2008 R2)
Quest	vWorkspace (7.1)

2.1.4   Desktopvirtualisierung

Die Desktopvirtualisierung (kurz VDI – Virtual Desktop Infrastructure) stellt eine konsequente Weiterentwicklung im Bereich der Plattform- und Ressourcenvirtualisierung dar, die eine Virtualisierung eines kompletten PC Desktops, inklusive der Anwendungen und Benutzereinstellungen, ermöglicht. Dabei ist sie eigentlich keine eigenständige Virtualisierungslösung im herkömmlichen Sinne, sondern ein Konglomerat aus verschiedenen Technologien, die eine Entkoppelung der Desktophardware (Fat Client, Thin Client, etc.) und dem Desktopbetriebssystem ermöglichen. Dabei setzten die verschiedenen Hersteller unterschiedliche Grenzen bei den unterstützen Betriebssystemen. Während nahezu jeder Anbieter die aktuellen Versionen von Windows „Out-of-the-Box" virtualisieren kann, bietet nur ein kleiner Kreis eine Unterstützung für die einschlägig bekannten Linuxderivate. Mac OS findet sich hingegen noch bei keinem der Hersteller in der Supportmatrix, da Apple eine Virtualisierung seines Betriebssystems im „Enduser License Agreement" (EULA) verbietet und mit einigen technischen Sperren auch wirksam verhindert.

Wie funktioniert nun die Desktopvirtualisierung?

Wie schon erwähnt besteht eine derartige Infrastruktur aus mehreren ineinander integrierten Komponenten, die im Folgenden näher betrachtet werden:

- **Broker:** Diese Komponente verwaltet die Zuordnung von Benutzern und den virtuellen Betriebssystemen und stellt bei Bedarf eine Verbindung zwischen einem Benutzer und dem gewünschten Desktop her. Dabei kommen zwei verschiedene Modi zum Einsatz:

    o **In-Band Brokering:** Alle Verbindungsdaten zu bzw. von den virtuellen Desktops werden über den Broker abgewickelt. Während bei einem solchen Modell Funktionen der Brokeringsoftware zusätzlich zu den Möglichkeiten des Verbindungsprotokolls genutzt werden können, sind jedoch die großen Schwachpunkte die Skalierbarkeit sowie die schwer implementierbare Ausfallsicherheit. Deshalb gehören derartige Broker in der heutigen Praxis eher der Vergangenheit an.

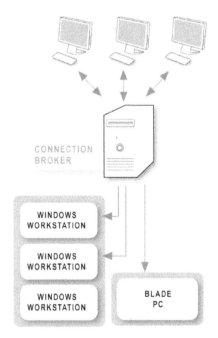

Abbildung 7: In-Band Connection Broker

o **Out-of-Band Brokering:** Bei diesem Modell steht der Broker ausschließlich beim Verbindungsaufbau in der Mitte der Kommunikation. Nachdem die Benutzersitzung erfolgreich aufgebaut wurde, übernimmt der Broker nur mehr noch überwachende Funktionen. Diese Architektur erlaubt eine sehr einfache Skalierung sowie Auslegung für Hochverfügbarkeitsszenarien. Aufgrund dieser Vorteile ist dieses Modell das am weitesten verbreitete und kann quasi als Standard betrachtet werden.

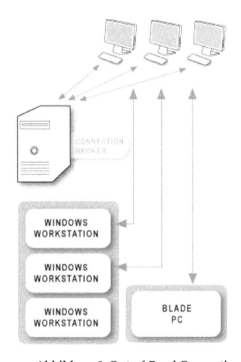

Abbildung 8: Out-of-Band Connection Broker

- **Virtuelle Desktops:** Die virtuellen Desktops, oder vielleicht besser als zentralisierte Desktops beschrieben, denn virtuell müssen sie nicht immer sein, sind der Hauptbestandteil und natürlich Hauptzweck einer VDI-Infrastruktur. Wie bereits angedeutet, variieren dabei die möglichen Betriebssysteme von Hersteller zu Hersteller. Ähnlich variabel, geht es auch bei der Auswahl der Hostinginfrastruktur, also der Basis der Desktops, zu. Hier reicht die Bandbreite von nur einem unterstützten Hypervisor bis hin zu einer kompletten Hypervisor- bzw. Hardwareagnostik, bei der der „Unterbau" der Desktops keine Rolle spielt. So können z.B. bei VMware View die Desktops ausschließlich auf einer VMware ESX / vSphere - Infrastruktur betrieben werden, während Citrix

XenDesktop sowohl virtuelle Desktops auf Hypervisors von VMware, Microsoft und Citrix selbst, als auch hardwarebasierte Desktops unterstützt. Die Auswahl des „Unterbaus" ist dabei von den Gegebenheiten und den Anforderungen der Benutzer abhängig. So können die Desktops einfacher Benutzer, auch Taskworker[1] genannt, bequem in einer großen Anzahl auf einem einzigen Host untergebracht werden, während Anwender aus den Bereichen CAD-Entwicklung oder Aktienhandel gegebenenfalls ein separates Serversystem benötigen. Die Zuordnung der Desktop erfolgt dabei im Wesentlichen mit zwei verschiedenen Modellen:

- o **Desktoppool:** Keine Zuordnung von Benutzer und virtuellem Desktop. Der erste freie Desktop wird dem Benutzer bei der Anmeldung für die Dauer der Sitzung zugewiesen. Nach der Abmeldung wird das System wieder im Pool verfügbar und kann von anderen Benutzern verwendet werden. Hierbei sind absolut identisch aufgebaute Systeme Voraussetzung, da die Benutzer sonst bei jeder Anmeldung einen unterschiedlichen Zustand vorfinden und dies die Akzeptanz stark beeinträchtigt. Benutzerspezifische Einstellungen, wie Hintergrundbild, Ansichts- oder Programmoptionen, werden hierbei in den Benutzerprofilen gespeichert und bei der Anmeldung auf den jeweiligen Desktop geladen. Die Installation von Programmen ist hierbei jedoch nicht möglich.

- o **Persönliche Zuordnung:** Wie der Name schon sagt, wird hier eine persönliche Zuordnung von Benutzer und virtueller Maschine vorgenommen. Somit können dem Benutzer hier deutlich weitergehende Rechte als im oben beschriebenen Modell eingeräumt und z.B. die Installation von Programmen ermöglicht werden.
- • **Empfänger / Receiver:** Auf der Seite der Benutzer ist diese Komponente für das Verbinden sowie die Interaktion mit dem virtuellen Desktop zuständig. Je nach Hersteller der VDI-Lösung und der Anforderung der Anwender kann sie in Form eines Softwarepaketes auf der Arbeitsstation / dem Smartphone des Benutzers installiert werden oder sie befindet sich direkt ab Werk im Flashspeicher eines Thin Clients.

---

[1]   Eine detaillierte Beschreibung der Benutzerklassen finden Sie im weiteren Verlauf des Buches.

Tabelle 5: Übersicht der Lösungen im Bereich der Desktopvirtualisierung

Hersteller	Lösung (aktuelle Version)
Citrix Systems	XenDesktop (4.0 / VDI Edition)
Microsoft	Microsoft Enterprise Desktop Virtualization
VMware	View (4.5)

2.1.5 Netzwerkprotokolle

Sowohl in einer Virtual Desktop-Infrastruktur als auch bei der Online-Virtualisierung von Anwendungen im Umfeld der Online-Virtualisierung (vgl. oben), greifen entfernte Benutzer auf zentrale Systeme zu. Dabei müssen Bildschirminhalte, Maus- bzw. Tastatureingaben, sowie Daten von / zu Peripheriegeräten über eine Netzwerkverbindung übertragen werden. Für diesen Zweck wurden verschiedene Netzwerkprotokolle entwickelt. Im Folgenden sind die am weitesten Verbreiteten aufgelistet:

Tabelle 6: Übersicht der Netzwerkprotokolle

Hersteller	Lösung (aktuelle Version)
Citrix Systems	High Definition User Experience (HDX) (ehemals: Independent Computing Architecture (ICA))
HP	Remote Graphics Software (RGS)
Microsoft	Remote Desktop Protocol (RDP)
RealVNC	Virtual Network Computing (VNC)
Sun Microsystems	Appliance Link Protocol (ALP) Adaptive Internet Protocol (AIP)
Teradici / VMware	PC-over-IP (PCoIP)

Derzeit spielen RDP und HDX/ICA die wichtigste Rolle und sind die am weitesten verbreiteten Protokolle für die in diesem Buch beschriebenen Einsatzszenarien in Unternehmen.

Die wichtigsten Unterscheidungsmerkmale der verschiedenen Protokolle sind:

- **Effizienz:** Da Benutzer möglichst nichts von der Zentralisierung der Desktops bzw. der Anwendungen mitbekommen sollten, wird im Allgemeinen großer Wert auf die möglichst effiziente Nutzung der zur Verfügung stehenden Bandbreite, durch das eingesetzte Protokoll, gelegt. Nach dem aktuellen Stand der Technik und der einhelligen Meinung des Autorenteams hat das Citrix HDX/ICA - Protokoll diesbezüglich derzeit die Nase vorn. Ein Grund hierfür liegt in der langen Historie des Protokolls und dessen Entwicklung für dünnste Bandbreiten, die noch bis vor wenigen Jahren überall anzutreffen waren. Ein weiterer Grund basiert auf den vielen Optimierungen innerhalb des Protokolls, welche z.B. Videos, Audioausgaben, 2D/3D - Grafiken oder Browserinhalte speziell beschleunigen.
  Im Allgemeinen sollten aber für jeden Einsatzzweck die Protokolle einander gegenübergestellt werden.

- **Peripheriegeräte:** Jedes Protokoll verfügt über unterschiedliche Möglichkeiten, benutzerseitige Peripheriegeräte über das Netzwerk anzusprechen. Um eine optimale Auswahl treffen zu können, ist es wichtig, die Anforderungen der Benutzer bzw. die Anforderungen der jeweiligen Tätigkeit genau zu kennen.

- **Plattformen:** Dieses Merkmal bezieht sich auf die möglichen Betriebssystemplattformen der zugreifenden Clientsysteme, denn teilweise verwenden Hersteller ihr eigenes Protokoll als Alleinstellungsmerkmal. So werden die Protokolle von HP bzw. Sun im wesentlichen von deren eigenen Thin Clients unterstützt, während Microsoft den Client für sein RDP-Protokoll seit einiger Zeit direkt mit Windows ausliefert und regelmäßig pflegt, jedoch Linux oder Mac OS Clients eher stiefmütterlich behandelt. Hier ist das ICA-Protokoll von Citrix vorbildlich, da es für nahezu jedes Betriebssystem, vom iPhone, über Linux, Mac und Windows, bis hin zu Solaris oder Symbian, einen entsprechenden Client gibt.

3   Consumerization

Ausgangspunkt für den aufkeimenden Trend der „Consumerization", welcher laut Gartner die Welt der Informationstechnologie in den kommenden zehn Jahren noch tiefgreifend verändern wird, sind die Bevölkerungs- und demnach auch potentiellen Mitarbeiterschichten diesseits des digitalen Grabens. Diese sogenannten Digital Natives sind im Zeitalter von Computerspielen, Internet, iPod, Instant Messaging, Handys und Co aufgewachsen und betrachten diese als integrale Bestandteile ihres Lebens. Wie stark diese Generation mit den neuen Medien verbunden ist, macht ein Blick auf Zahlen aus dem Jahr 2001 deutlich. Demnach haben sich jugendliche Schulabgänger bis zum Tag ihres Schulabschlusses weniger als 5.000 Stunden mit dem Lesen von Büchern beschäftigt. Jedoch verbrachten sie mehr als 10.000 Stunden vor dem Computer bzw. mehr als 20.000 Stunden vor dem Fernseher. Durch die starke technologische Weiterentwicklung und der Verbreiterung des digitalen Angebots der letzten Jahre, gerade im Zuge des Web 2.0 bzw. der Verbreitung von Smartphones, ist es sehr wahrscheinlich, das sich diese Zahlen noch deutlich zu Gunsten der „Zeit vor dem Computer" verändert haben.

Durch die intensive Interaktion mit diesen Technologien und Medien haben sich Verhaltens- und auch Arbeitsmuster gebildet, die sich fundamental von denen der Digital Immigrants, also Personen ohne frühzeitiger technologischer Sozialisation, unterscheiden. Wichtige Merkmale sind hier, der Hunger nach einem stetigen Strom an aktuellen und schnell zugänglichen Informationen (Google, News Feeds), der Wunsch nach ständiger Vernetzung (Facebook, Twitter) und der Hang zum Multi-Tasking („Das iPad ist immer dabei.").

Ausgestattet mit diesen Erfahrungen und den daraus resultierenden Erwartungen, fällt der Start in die Arbeitswelt für die Digital Natives recht ernüchternd aus. Meist sind die Arbeitsweisen, Prozesse und / oder die unterstützende Software aus dem letzten Jahrtausend und die in den IT-Bereichen der Unternehmen vorherrschende „Wir wissen was gut für Dich ist!" - Doktrin, lässt keinen Platz für „benutzergetriebene" oder individuelle Innovationen. Schnell werden Stimmen laut, die Fragen „Warum kann ich (dies und jenes) zuhause, aber nicht auf Arbeit?" oder dann in zweiter Instanz sagen „Ich kann nicht auf unsere IT warten, um (Projekt XY) voran zu bringen.".

Der Wunsch nach Individualisierung und der Anpassung der Arbeitswelt an die eigenen Arbeitsweisen ist für die Unternehmen noch beherrschbar, wenngleich die „Consumerization of IT" einen ersten Höhepunkt erlebte, als Mitarbeiter vieler technikaffinen Branchen begannen, das iPhone als Firmenhandy durchzusetzen. Nach Zahlen von Gartner setzten 2008 bereits mehr als 40% der Mitarbeiter privates IT-Equipment (Hard- & Software) im beruflichen Umfeld ein. Dieser

Druck wird in den nächsten Jahren noch deutlich an Stärke gewinnen, sobald sich die Schere zwischen der Leistungsfähigkeit der Technologien im privaten und beruflichen Umfeld weiter zu öffnen beginnt.

Laut Gartner kommt der Druck für eine Öffnung der IT aus drei Hauptrichtungen:

- **Business:**   Wunsch nach mehr Agilität und Flexibilität.
- **Technologie:** Geschwindigkeit der Innovationen nimmt zu. Die Technologien werden leistungsfähiger und immer weiter integriert.
- **Gesellschaft:** Design und Bedienungsfreundlichkeit rücken mehr in den Mittelpunkt.

Es ist von großer Wichtigkeit in diesem Spannungsfeld zwischen dem unternehmerischen Wunsch nach Kosteneffizienz, Datensicherheit und Verwaltbarkeit und dem Drang nach technologischer Evolution nicht mit den alt hergebrachten und immer gleichen Mustern zu agieren. Ein derartiges Vorgehen birgt die Gefahr, dass neue Möglichkeiten gleich zu Beginn verbaut werden, die z.B. Social-Media-Dienste wie Twitter, Xing oder Blogs bergen und so auf lange Frist auch geschäftliche Nachteile entstehen.

„Societies or companies that expect a glorious past to shield them from advancing technology will fail and fall."

Rupert Murdoch – Medienmogul und CEO der News Corporation

Gesellschaften und Unternehmen die eine blühende Vergangenheit zum Anlass nehmen, sich der neuen Technologien zu verweigern, werden scheitern und untergehen.

(Übersetzung des Autorenteams)

Einen möglichen Weg aus diesem Spannungsfeld stellen die im weiteren Verlauf dieses Buches vorgestellten Virtualisierungstechnologien dar, die eine Entkoppelung der traditionellen Layerarchitektur (vgl. Abbildung 8) und somit ein Anbieten der einzelnen Layer als separater Dienstleistung („aaS" – „as a Service") ermöglichen. Ein erstes praktisches Anwendungsbeispiel ist das „Bring your own Computer" kurz BYOC-Programm, welches beim US-Amerikanischen Softwarehersteller Citrix Systems Inc. (NASDAQ: CTXS) seit Anfang 2008 durchgeführt wird. Dabei wird den Mitarbeitern auf freiwilliger Basis anstelle

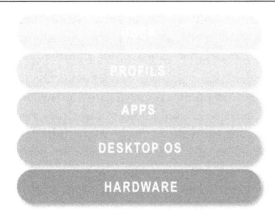

Abbildung 9: Traditionelle Layer-Architektur

eines Arbeitsplatz-PC oder Laptops, ein feststehender Geldbetrag zur Verfügung gestellt, mit der Auflage, sich ein System eigener Wahl zu beschaffen. Hierbei ist es den Mitarbeitern überlassen, ob ein Notebook oder Netbook, Windows oder Mac OS künftig die Grundlage des eigenen Arbeitsplatzes bildet. Dabei ist der Hintergedanke des Arbeitgebers, dass ein selbst ausgewähltes und vor allem selbst bezahltes System, deutlich pfleglicher behandelt wird als ein „normales" Firmennotebook. Da das Geld des BYOC-Programms einem Mitarbeiter für ganze 3 Jahre reichen muss, ist dies auch ganz klar im Eigeninteresse des Benutzers.

Möglich wird ein solches Programm natürlich nur mit einer Entkoppelung der Firmenanwendungen von dem nunmehr privaten Betriebssystem. Denn ohne diese wäre ein unbeschreiblicher Support- und damit auch Finanzaufwand die direkte Folge, da sonst beliebig viele Software- und Hardwarekombinationen unterstützt werden müssten und auch eine Vermischung von privaten sowie geschäftlichen Daten unvermeidbar wäre. So kann sich die Firmen-IT nahezu komplett auf den Betrieb der Anwendungen beschränken, was im Umkehrschluss Kosteneinsparungen bedeuten kann.

Im Fall von Citrix Systems, wurde eine Reduktion von ca. 20% bei den Supportkosten pro Person realisiert. Aber der Erfolg des Programms macht sich nicht nur monetär bemerkbar. So berichteten 54% der 400 nach einem Jahr befragten Mitarbeiter über eine spürbar gesteigerte Produktivität. Während auch 17% der direkten Manager eine Verbesserung der Arbeitszufriedenheit feststellten.

Die zweite Facette der Consumerization der IT könnte ganz im Gegensatz zum eigentlichen, durch die Benutzer getriebenen Trend von den Unternehmen selbst initiiert werden. So könnten die Unternehmen – und in wenigen Firmen wird es bereits gelebt – die Möglichkeiten der neuen Technologien zu Ihrem Vorteil nutzen und in Richtung einer Flexibilisierung der Arbeitswelt steuern. Dabei könnten die seit jeher klaren Trennungen zwischen Zuhause / Büro, Freizeit / Arbeitszeit oder

Beruf / Privat verschwimmen und wenn nicht gar verschwinden (Stichwort Work Shifting). Für manche mag dies eher an eine Horrorvorstellung grenzen, jedoch birgt eine derartige Bewegung auch ungeheure Möglichkeiten.

Man stelle sich Mütter oder Väter vor, die frei entscheiden können, wann, wo, wie und womit sie arbeiten. Sofort könnte das viel diskutierte Thema der Vereinbarkeit von Beruf und Familie auf eine Organisationsproblematik innerhalb der Familie reduziert werden. Oder, um ein weiteres Beispiel anzuführen, man bedenke die Mächtigkeit des Argumentes der freien Wohnortwahl bei der Suche nach Arbeitskräften. Gerade in Branchen mit einem chronischen Spezialistenmangel wie der IT oder dem Ingenieurwesen kann dies den Ausschlag geben.

Ganz nebenbei liefert dieser Ansatz auch eine mögliche Antwort auf den allmorgendlichen „Pendlerwahnsinn", der, befeuert von immer neuen Siedlungsprojekten der Gemeinden im „Speckgürtel der Städte", tendenziell eher zu- als abnimmt. Eine britische Studie ergab unlängst, dass in Großbritannien jeden Tag Arbeitszeit im Wert von £260 Millionen aufgewendet oder auch verschwendet(?) wird, um zum bzw. vom Arbeitsplatz wieder nach Hause zu kommen. Auf einzelne Mitarbeiter herunter gebrochen entspricht dies ungefähr 53 Minuten unproduktiver Zeit, die in einem Home Office - Szenario wenn nicht gar der Firma, dann aber zumindest der berühmten Work/Life - Balance zugewendet werden könnten.

Die in diesem Buch vorgestellten Technologien und vor allem deren Kombinations- sowie Einsatzmöglichkeiten sollen Denkanstöße für eine Weiterentwicklung in der IT und vor allem in der Beziehung zwischen den „Technikern" und den „Verbrauchern" geben. Wichtig ist hierbei zu verstehen, dass sich die Zeit der allgemein gültigen Patentlösungen aufgrund der Vielzahl der möglichen Szenarien stark dem Ende zuneigt und demnach eine intensive Kommunikation zwischen den erbringenden Abteilungen sowie den nutzenden Bereichen unabdingbar wird. Eine genaue Kenntnis der Anforderungen aus den Geschäftsfeldern und deren „Übersetzung" in technische Infrastrukturen durch teamübergreifend arbeitende IT-Architekten, wie sie bisher in nur wenigen großen Firmen zu finden sind, wird unerlässlich.

4   Der Virtualisierungsstack

Beschäftigt man sich mit dem Thema End-2-End-Virtualisierung, wird sofort eines sehr deutlich: Das Thema an sich ist sehr komplex, die dahinter liegenden Technologien sind noch neu und reifen gerade erst in den letzten drei bis fünf Jahren zur vollständigen Unternehmenstauglichkeit heran. Will man die Technologie einführen, werden innerhalb der Organisation eines Unternehmens viele verschiedene Bereiche sowohl organisatorisch als auch prozesstechnisch betroffen. Dies bedingt die Einmischung und Steuerung durch das obere Management des Unternehmens. Virtualisierung in seiner gesamten Ausprägung darf nicht nur von der IT getrieben werden, sondern muss als eine Führungsaufgabe im Zusammenhang mit der Unternehmensstrategie gesehen werden.

Nicht nur rein aus einer technische Brille sehend, beschreiben daher die kommenden beiden Kapitel das Gesamtbild der Virtualisierung, den sogenannten Virtualisierungsraum, im Rahmen eines Sieben-Schichten-Modells (vStack).

Abbildung 10: Der Virtualisierungsraum (vStack)

Jede Schicht wird in diesem Kapitel kurz erläutert und im nachfolgenden Abschnitt auf seine Wirtschaftlichkeit hin untersucht.

4.1   Nutzer

Wer aus der IT erinnert sich nicht gerne an die Worte des alles zerstörenden „Master Control Programs" aus dem Film TRON: „Bist Du ein User?" was die Besonderheit dieser Gruppe damals noch in das rechte Licht rückte. Heute scheint dies oftmals vergessen, und meist zeigt uns IT in einem immerwährenden Versuch das funktional Machbare. Und auch wenn Apple es allen anderen immer und immer wieder vor macht, erwacht Gevatter IT erst langsam aus seinem Schlaf.

Den Nutzer in den Vordergrund zu stellen und die Bedürfnisse dessen auf einfache Weise zu erfüllen, ist in einer virtualisierten Welt mehr denn je das Gebot der Stunde. Mit der Einführung einer zusätzlichen virtuellen Schicht wird die gesamte IT-Infrastruktur allerdings deutlich komplexer. Um diesem Umstand durch Vereinheitlichung und Automatisierung entgegen zu wirken und den unterschiedlichen Einsatzszenarien und Anwendern gerecht zu werden, ist es die erste Pflicht des Virtualisierers, Benutzergruppen zu definieren. Diesen Benutzergruppen   können   dann,   den   Anforderungen   entsprechend, Virtualisierungslösungen zugeordnet werden. Den Ansatz: Jeder bekommt alles sollte man auf jeden Fall verwerfen und eine gezielte und effiziente Nutzung der Virtualisierung adaptieren.

Neben der von der Gartner Group getroffenen Einteilung aus dem Jahre 1998 gibt es verschiedene Ausprägungen. Hier die wohl gebräuchlichste der IT (Quelle »TCO: A Critical Tool for Managing IT« Gartner Group, 12.10.1998).

Die folgende Aufstellung zeigt eine Definition der verschiedenen Benutzertypen. Die hier benutzte Gartner-Nomenklatur soll allerdings nur schematisch eine Nutzerklassifizierung darstellen. In Ihrem Unternehmen wird sich dies mit Sicherheit anders gestalten. Dort haben Sie vielleicht die Help Desk Mitarbeiter oder die Sachbearbeiter oder die Entwickler als Nutzergruppen. Wichtig ist die Einteilung nach Anforderungen und Rechten innerhalb der Applikationen und des Betriebssystems.

- High Performance Workers
- Knowledge Workers
- Mobile Workers
- Task Workers
- Data Entry Workers

Tabelle 7:   Nutzerklassifikation

Benutzer Segment	Definition
High Performance Workers	Arbeitnehmer, die "hochwertige", geschäftskritische Aufgaben erfüllen, die eine hohe Abhängigkeit von IT haben und bei einem Ausfall hohe Kosten verursachen. Das Leistungsspektrum der Arbeitnehmer erfordert spezialisierte und ausfallsichere IT-Plattformen und Anwendungen. In der Regel haben diese Arbeitnehmer eine größere Nachfrage nach spezifischen Support und besitzen sehr oft eine fundierte IT Ausbildung. IT-Infrastrukturen wird ein hohes Maß an Leistung und Zuverlässigkeit abverlangt. (Beispiele: Software Entwickler, Versicherungsmathematiker, Aktienhandel, Devisenhandel, IT-Support 3rd Level, Grafisches Design).
Knowledge Workers	Arbeitnehmer, der Informationen sammelt und anreichert und diese für Entscheidungsprozesse im Unternehmen zur Verfügung stellt. Die Abhängigkeit zur IT ist ebenfalls hoch und ein Ausfall verursacht hohe Kosten. Diese Mitarbeiter zeichnen sich durch den Einsatz in Projekten und verschiedenen flexiblen Aufgaben aus. Diese Arbeitnehmer agieren meist zielorientiert und können selbst entscheiden, wo und auf welche Weise sie diese Aufgaben lösen und die Ziele erreichen. Beispiele: Marketing, Projektmanagement, Vertrieb, Desktop Publishing, Support 2nd Level, Data Mining-, Finanz-Analyse-Management, Design und Authoring.
Mobile Workers	"Mobile Workers" sind Arbeitnehmer, die die Mehrheit ihrer Arbeit außerhalb des Firmengeländes verbringen. Sie nutzen öffentliche Zugänge wie "Hot Spots" um auf Unternehmensdaten zugreifen zu können. Oft sind sie auch ohne Verbindung in die Zentrale unterwegs. Diese Gruppe stellt in Sachen Wartbarkeit und Sicherheit der eingesetzten Geräte (meist Laptops) die größte Herausforderung der Unternehmens-IT dar. Außendienstmitarbeiter im Vertrieb ebenso wie Schulungsexperten, Kundenberater, Projektleiter und Partner Relationship Manager gehören dieser Gruppe an.
Task Workers	Arbeitnehmer, die in der Regel im Rahmen eines Work-Flow-Prozesses arbeiten und deren Aufgaben sich wiederholender

Benutzer Segment	Definition
	Natur sind.
	Die Abhängigkeit zur IT wird durch den Prozess bestimmt, die Kosten für einen Ausfall der IT sind in der Regel groß, da hier eine größere Anzahl an Mitarbeitern betroffen ist.
	Beispiele: Sachbearbeiter, Help Desk Support, Innendienst.
Data Entry Workers	Mitarbeiter, die Daten in Computersysteme eingeben oder ändern.
	Beispiele: Versicherungsdaten, Behörden, Bestellwesen, Wareneingang

Hat man eine Einteilung der Nutzer in verschiedene Nutzergruppen erreicht, hat das auf sehr viele Belange der End-2-End-Virtualisierung Auswirkungen. Ausgehend von den Anforderungen und notwendigen Rechten der Nutzergruppe kann daraufhin eine entsprechende Virtualisierungslösung zugeordnet werden.

Beispielsweise werden Entwickler, also „High Performance Workers" sicherlich Rechte auf Betriebssystem-Ebene benötigen, sie werden eine Maschine neu starten wollen oder müssen sogar auf systemspezifische Elemente zurückgreifen. Damit einher werden sie im Rahmen der Virtualisierung eine individuelle virtuelle Maschine brauchen, die entweder ihrerseits auf einem Server läuft oder zentral auf einem eigenen Blade PC, also eigener Hardware ausgeführt wird. Der letztere Fall bedeutet, dass die Entwicklermaschine des „High Performance Workers" ins Rechenzentrum gezogen ist und dort zentral verwaltet wird. Der Entwickler greift über eine anderes Endgerät beispielsweise einem ThinClient auf diese Maschine zu.

Im Gegensatz dazu braucht eine Datentypistin keine eigene individuelle virtuelle Maschine, sie kann sich ein Betriebssystem mit vielen anderen Benutzern teilen.

Vom Standpunkt der Wirtschaftlichkeit wirkt sich dieser Aspekt in der Hinsicht aus, dass je individueller eine Maschine ausgelegt sein muss, desto mehr wird diese in Wartung und Anschaffung kosten. Derzeit geht man in etwa davon aus, dass ca. 10-15 virtuelle Maschinen bei mittlerer Last auf einem Server abgebildet werden können (der zu untersuchende Parameter ist hier VMs per Core). Benötigen die Nutzer keine Rechte auf ein eigenes Betriebssystem, können sich bei mittlerer Last ca. 60-80 Nutzer einen Server teilen. Die Einteilung der Nutzer in verschiedene Gruppen bringt die Möglichkeit, für die jeweilige Gruppe die effizienteste Infrastruktur aufzubauen.

4.2   Endgeräte

Virtualisierung und die Auswahl der richtigen Endgeräte sind sehr eng mit einander verbunden. Dabei ist es sehr wichtig, bei der Wahl auf die Anforderungen der Nutzergruppe zurückzugreifen. Die Auswahl des Gerätes sollte nie zu Beginn eines Projektes erfolgen, sonst ist die Gefahr sehr groß, die Lösungen um das Endgerät herum zu stricken.

Tabelle 8:   Kundenbeispiel

Kundenbeispiel / Erfahrungsbericht
Im Rahmen unserer vielen Vorträge, die wir beim Kunden halten, ist gerade in den letzten Wochen und Monaten verstärkt das Thema „Thin Clients" aufgekommen. Eines der Argumente für den Einsatz dieser Endgeräte ist die längere Nutzungszeit. Leider haben sich in den letzten Jahren die Anforderungen auch an „Thin Clients" derart geändert, dass dieses Argument im Augenblick nicht wirklich zieht. Beispiel hierfür sind Videokonferenzen oder Videostreaming. Trotz alledem ist gerade die Anschaffung und der Wartungs- und Pflegeaufwand bei Thin Clients deutlich geringer als bei einem Standard-PC. In unserer letzten Wirtschaftlichkeitsbetrachtung lagen ca. 200€ Preisunterschied zwischen beiden Geräteklassen. (Betrachtung 10.000 Endgeräte, Preise waren bereits die verhandelten Endpreise)

Hier einige Beispiele von verschiedenen Endgeräten:

- Standard-PC
- Gehärteter Standard PC
- Thin Client
- iPad
- iPhone / Blackberry

Definition: Gehärteter PC:

Ein gehärteter Standard-PC kann beispielsweise durch den Tausch der Festplatte durch einen Thin Client Stick oder auch durch diverse Softwareprodukte erstellt werden. Die Idee ist, dem Nutzer den Zugriff auf die lokalen Speichermedien mehr oder minder zu untersagen und ihn direkt auf einen zentral gesteuerten Desktop zugreifen zu lassen. Damit hat der Benutzer keine Möglichkeiten mehr, eigene

Software auf dem Standard-PC zu installieren, man wandelt den PC quasi in einen Thin Client um.

Ein interessantes Phänomen in den meisten Unternehmen ist die Tatsache, dass Laptops auf dem Vormarsch sind. Fragt man nach der Aufteilung der Endgeräte-klassen im Unternehmen, zeigt sich bereits eine Ausprägung der Laptops von ca. 35% mit wachsender Tendenz.

Laptops sind dabei in vielerlei Hinsicht ein Dorn im Auge der Betriebs-mannschaften. Das fängt damit an, dass schon kurz nach dem Einschalten die ersten eigenen Programme installiert sind und somit sehr oft Sicherheitsrichtlinien verletzt werden. Geht ein Laptop verloren, schließt dies oft den Verlust wichtiger Firmendaten ein. Laptops sind in der Anschaffung meist teurer, halten nicht so lange und gliedern sich durch ihre Offline-Nutzung nur schwer in eine Software-verteilungsinfrastruktur mit ein.

Tabelle 9:   Exkurs: Definition des Desktops

Definition des Desktops
An dieser Stelle sei nochmals besonders auf den in diesem Buch genutzten Sprachgebrauch des Desktops hingewiesen. Wenn hier von einem Desktop geschrieben wird, dann ist dies ein Synonym für den Gebrauch eines Nutzer-Betriebssystems, einem Applikationsset und individueller Einstellungen. Diese Komponenten sind entkoppelt und können zum Zeitpunkt der Nutzung miteinander kombiniert werden. URL: http://www.virtualization.info/radar

Auf der anderen Seite sind die Geräte klein, handlich und leistungsstark und damit ideal für den mobilen Einsatz des Vertriebs und des Managements.

Eine Lösung, welche die Nachteile eliminiert und die Vorteile verstärkt, ist die derzeit noch in der frühen Phase befindlichen Technologie des Typ 1 Client Hypervisors (siehe Kapitel „End-to-End-Virtualisierung") auf dem Laptop. Dabei wird ein in der Zentrale auf die Nutzergruppe ausgerichteter Desktop erstellt, der dann auf dem Hypervisor des Laptops abläuft. Dieser virtuelle Desktop läuft dann parallel und vollkommen isoliert zu dem privaten Desktop des Nutzers.

Diese Entwicklung wird den Umgang mit den Nutzergeräten komplett verändern. Nur noch einmal verdeutlicht: der Nutzer wird sein eigenes, direkt auf einem Hypervisor des Laptops installiertes Betriebssystem haben. Dies nutzt er wie bisher auch als sein eigenständiges, privates mit seinen Fotos, Videos, was auch immer er installieren oder speichern möchte. Neben diesem privaten Betriebssystem wird es einen Desktop aus der Zentrale geben, der auch direkt auf dem Hypervisor des Laptops läuft. Also direkt auf dem Chipsatz der Hardware aufsetzt. (von der Funktion her vergleichbar ist dies mit zwei verschiedenen Partitionen auf der Festplatte, in denen zwei verschiedene Betriebssysteme installiert sind und ausgeführt werden. Über einen Bootmanager entscheidet dann der Benutzer im Rahmen des Bootvorganges, welches Betriebssystem er starten möchte).

Im hier beschriebenen XenClient-Umfeld hat die Zentrale die Hoheit über das zweite Betriebssystem. Der Desktop (Betriebssystem mit Applikationen) wird beim ersten Starten auf den Hypervisor gespielt und kann dann auch Offline ausgeführt werden. Die Rechtevergabe erfolgt granular, so dass der Benutzer beispielsweise alle Rechte des Desktops aus der Zentrale hat oder nur sehr eingeschränkt agieren kann.

Mit diesem Konzept werden zwei entscheidende IT-Anforderungen für das Endgeräte-Management umgesetzt.

1.) Das Endgerät ist unabhängig vom Desktop, der aus der Zentrale zur Verfügung gestellt wird. Damit kann der Nutzer sogar sein eigenes Laptop mitbringen und trotzdem mit den Anwendungen mit dem Desktop der Zentrale arbeiten. Alle Sicherheitsrichtlinien der Zentrale werden im Zentralen Desktop umgesetzt. Dieser ist vollkommen abgeschottet zum zweiten Betriebssystem des Nutzers.

2.) Der zentrale Desktop läuft auch im Offline Modus, ohne das der Nutzer mit der Zentrale verbunden sein muss. Damit werden alle Vorteile des Server Based Computing mit der Offline-Funktionalität und den damit erzielten Vorteilen verbunden.

4.3   Servicenetz

„Remote Access" (der externe Zugriff auf Anwendungen) ist in vielen Unternehmen ein wichtiges Thema, das gerade im Zuge der Virtualisierung enorm an Bedeutung gewinnt. Schließlich möchte der Nutzer von überall auf seine Applikationen oder seinen Desktop zugreifen können und dies unter den Firmen-Sicherheitsrichtlinien und in jedem Fall mit der gleichen Performance, als ob der Rechner unter dem Schreibtisch steht.

Gerade in Unternehmen, die auf einen reibungslosen unterbrechungsfreien Ablauf der primär von Mitarbeitern bestimmten Geschäftsaktivitäten angewiesen sind, treibt die Sorge um eine Pandemie die Flexibilität des Arbeitsortes. Gerade in den letzten Monaten und Jahren, in denen Vogel- oder Schweinegrippe ein nicht zu unterschätzendes Risiko darstellen, ist Flexibilität des Arbeitsortes eine wichtige Anforderung. Die Möglichkeit, auch von zu Hause auf den virtualisierten

Arbeitsplatz zugreifen zu können, bietet diese Flexibilität in der Nutzung der Applikationen und Desktops. Dies kommt aber in erster Linie nicht nur den Unternehmen zu Gute, sondern ergänzt auch die Möglichkeiten des Arbeitnehmers, eine flexiblere Arbeitsatmosphäre zu schaffen und seine Arbeit an den Ort zu verlegen, an dem er sich bevorzugt aufhalten will. Dabei nutzt er das Endgerät seiner Wahl, gleichgültig ob PC, Thin Client oder iPad(„Work Shifting")

Eine weitere wichtige Anforderung, die in dieser Schicht zu betrachten ist, liegt in der Erwartungshaltung im Umgang mit dem virtualisierten Desktop. Der Nutzer erwartet auch über den Zugriff eines Netzes die gleiche Performance, die ihm sein unter dem Schreibtisch stehender Computer zur Verfügung stellt. In der heutigen Zeit muss ein Übertragungsprotokoll bzw. ein Funkionsframework sowohl High Definition wie auch multimediale Inhalte darstellen können.

4.4   Portalschicht

Was für den privaten Nutzer mit Web 2.0, iTunes und Co. mittlerweile alltäglich ist, findet jetzt Einzug in die Rechenzentren dieser Welt. Bereits in dem Vortrag „Consumerization of IT: Consumers in the Driver's Seat „ von Peter Sondergaard von der Gartner Group im Jahr 2007 vorgestellt, ändert sich die IT-Welt in Richtung Consumerization.

Der Mittelstands-Wiki gibt dabei eine sehr schöne Definition des Begriffes:

„Der englische Zungenbrecher „Consumerization" bedeutet zunächst, dass nicht länger die IT- oder Einkaufsabteilung bestimmt, welche PCs und Notebooks für die Mitarbeiter angeschafft werden, sondern dass sich die Mitarbeiter ihre (Wunsch-)Hardware selbst aussuchen."

(http://www.mittelstandswiki.de/Consumerization)

Einige Firmen nutzen dies, um Programme ins Leben zu rufen wie BYOC „bring your own Computer". In diesen Programmen ist der Mitarbeiter für sein Endgerät selbst verantwortlich, bekommt einen Obolus von der Firma und ist verpflichtet, einen Wartungsvertrag mit dem Hersteller des bspw. Laptops abzuschließen. Bei Apple heißt dies zum Beispiel Care Pack und ist eine um Service erweiterte Garantievereinbarung.

Neben der reinen Hardware finden sich auch Applikationen auf der Wunschliste der Nutzer. So wird sich in Zukunft der Mitarbeiter/Nutzer seine Applikationslandschaft selbst zusammenstellen, quasi abonnieren und das Rechenzentrum die notwendigen Sets an Applikationen zur Verfügung stellen. Citrix hat dazu auf einer der weltweiten Kundenveranstaltungen (Citrix Synergy Las Vegas 2009) ein sehr interessantes Konstrukt namens „Dazzle" vorgestellt.

Dazzle wird die IT zu einem On-Demand-Service (Desktop as a Service, Application as a Service) verändern, indem es den Nutzern Zugang zu einem umfangreichen Angebot an Anwendungen, Desktops und Inhalten wie bspw. Trainingsvideos ermöglicht. So können die Nutzer, im Unternehmensfall die Mitarbeiter wählen, welche Ressourcen sie wann benötigen.

Mitarbeiter laden dann die gewünschten Applikationen und IT-Services so herunter, wie sie es beispielsweise von Apple iTunes gewohnt sind (siehe Abbildung 11 oder für weitere Informationen http://www.citrix.com/dazzle)

Abbildung 11: Dazzle

Mit Dazzle rückt die derzeit vielfältig im Rechenzentrum befindliche Prozesskette der Anwendungsbereitstellung der „Eigenverantwortlichkeit der Nutzer" und somit einer „Selbstbedienungs-IT" wieder ein großes Stück näher. Rechenzentren stellen zur Verfügung, Mitarbeiter abonnieren, genauso wie auf dem heimischen Gerät auch.

Neben der Nutzung eines eigenen Abonnement-Clients, steht natürlich auch die Einbettung der Applikationen bzw. des Desktops in das eigene Firmenportal auf dem Programm.

Kundenbeispiel / Erfahrungsbericht

Man kann uns durchaus als Apple-Fans bezeichnen, und für uns war es ein enormer Motivationsschub, als unser Arbeitgeber ein Programm auf den Weg brachte, das uns ermöglichte, die eigens gewünschten mobilen Endgeräte zu kaufen und uns auch noch in diesem Kauf finanziell zu unterstützte. So fand bald ein neues Apple MacBook Einzug auf unsere Schreibtische. Natürlich arbeiten wir alle mit Outlook, Word oder SAP, was bei uns allerdings kein Problem darstellt, da diese Applikationen virtualisiert sind und auf einer Farm im Rechenzentrum laufen. Den Zugriff auf die Applikationen kann man jetzt unterschiedlich gestalten. In der Regel navigieren wir über unsere Webseite, auf der Link „Employee Login" befindet:

Damit kommen wir auf eine Authentifizierungsseite:

Abbildung 12: Die Authentifizierungsseite (Citrix Web Interface)

Diese Seite ist sehr einfach gestaltet, und man muss seinen Benutzernamen, sein Systempasswort und einen Zweitauthentifizierung-Passcode eingeben.

Sobald man vom System authentifiziert worden ist, bekommt man die individualisierte Liste der zur Verfügung stehenden Anwendungen, wählt man hier bspw. Outlook aus, wird das Programm auf dem Server gestartet. Auf unseren MacBook startet der Citrix Receiver, der die Bildschirmausgabe des Programms empfängt und auf dem Mac darstellt, gleichzeitig aber auch die Tastatur und Mausanschläge zur Anwendung überträgt, so dass wir genauso arbeiten können, als sei Outlook direkt auf dem Endgerät installiert. Der Nachteil dieser Art der Ausführung der Anwendung ist die Tatsache, dass man Online sein muss und dass eine Netzwerkverbindung mit geringen Latenzen (Verzögerungen) zur Verfügung stehen sollte, damit sowohl alle Anschläge wie auch Ausgaben augenblicklich angezeigt werden.

Abschließend sei gesagt, dass die „Portalschicht" des vStacks das Eingangstor des Mitarbeiters/Nutzers zum Unternehmen ist und daher sehr individuell gestaltet werden kann. Auffallend bleibt die Tendenz, dass die Verantwortung in Richtung der Nutzer geht und somit verstärkt auf die Nutzer eingegangen werden muss.

4.5 Service-Schicht

Die Portalschicht des vorherigen Kapitels stellt die Sicht des Nutzers auf die ihm zur Verfügung gestellten Desktops und Anwendungen dar, wobei die Service-Schicht die Sicht des Rechenzentrums in Richtung des Benutzers beleuchtet. In diesen beiden Schichten treffen sich die Außensicht und die Umsetzung, die beide ineinander greifen müssen. Für den Nutzer sind die Ebenen ab der Serviceschicht vollkommen intransparent. Dem Nutzer ist es vollkommen gleichgültig, wo die selbst zusammengestellten Applikationen installiert sind oder ob dessen Desktop im Rechenzentrum ausgeführt wird, die Hauptsache ist, dass der Nutzer wie gewohnt ohne irgendwelche Einbußen arbeiten kann.

Aus Sicht der IT-Abteilung, die diesen Service zur Verfügung stellt (Service Providers) ist es daher die oberste Zielsetzung, eine möglichst effiziente Architektur zu finden, die den Anforderungen des Nutzers gerecht wird.

Dabei spielen neben der Klassifizierung der Nutzer zwei weitere Ebenen eine entscheidende Rolle. Die Klassifizierung der Applikationen und die Zuordnung der Nutzer/Applikationen zu Lokationen des Unternehmens. Ein Aspekt der vorbereitenden Arbeiten eines Virtualisierungsdesigns sind also Klassifizierung der Nutzer in Anbetracht der Applikationen und Lokationen:

Kundenbeispiel / Erfahrungsbericht

Wenn wir beim Kunden sitzen und über die Vorgehensweise in einem Virtualisierungsprojekt sprechen, ergeben sich drei wesentliche Ansätze, die sich als „Best Practices" bewährt haben.

Zuerst sind die Nutzer zu klassifizieren, daraufhin die Applikationsliste zu erstellen und im Zusammenspiel dieser Ergebnisse den Nutzern Applikationen zuzuordnen. Eine weitere Dimension kann sich mit der Korrelation der Nutzer/Anwendungen und den Standorten der Nutzer ergeben.

Uns ist absolut klar, dass dies kein leichter Schritt ist und dass dahinter in vielen „historisch" gewachsenen Umgebungen eine Menge an Arbeit steckt und dass wir mit dieser Vorgehensweise viele Administratoren und auch Mitarbeiter aus der Komfortzone holen. Doch was ist die Alternative. Ein ausgeklügeltes Konzept hat sich in vielen Projekten als der Schlüssel zum Erfolg gezeigt.

Strukturierung und Automatisierung sind zwei wichtige Komponenten, die in einem Virtualisierungsprojekt nicht automatisch nebenbei abfallen, sondern denen man sich ausgiebig widmen muss.

Was wir in solchen Planungsgesprächen auch immer wieder ansprechen ist das Thema Komplexität und wie man diese Komplexität in den Griff bekommt. Komplexität bezeichnet allgemein die Eigenschaft einer Infrastruktur, deren Gesamtverhalten nicht beschrieben werden kann, selbst wenn man vollständige Informationen über seine Einzelkomponenten und ihre Wechselwirkungen besitzt. Ein Umstand, den viele Rechenzentrumsmitarbeiter kennen.

Und hier setzen wir an, um die Komplexität zu verringern:

1.) Anforderungen des Unternehmens an die IT definieren
2.) Nutzer klassifizieren
3.) Applikationsliste erstellen
4.) Applikationsliste an die Anforderungen anpassen
5.) Applikationen und Nutzer klassifizieren
6.) Virtualisierungslösung zuordnen

Dies sind nicht die einzigen Aktivitäten, die im Rahmen eines Projektes umgesetzt werden sollten, aber zentrale und wichtige Punkte, die nicht vernachlässigt oder zu kurz kommen dürfen.

Derzeit spricht man von insgesamt vier potenziellen Virtualisierungslösungen, die im Kapitel weiter oben auch schon beschrieben sind.

Diese sind:

- Plattformvirtualisierung – Serverseitig
- Plattformvirtualisierung – Clientseitig
- Softwarevirtualisierung
- Onlinevirtualisierung
- Desktopvirtualisierung

	Applikations-virtualisierung	Hosted Desktop Virtualisierung	Shared Desktop Virtualisierung	Hosted Client Desktop
Offline Funktionalität	Ja mittels Streaming	Nein	Nein	Ja
Rechte des Nutzers	Auf Applikationsebene	konfigurierbar	Auf Applikationsebene	konfigurierbar

Info aus dem Web

Eine sehr ausführliche Liste aller Hersteller von Virtualisierungslösungen finden Sie unter Virtualization.info

[Virtualization, 2008(3)]

Virtualization Industry Radar. Virtualization.info.

URL: http://www.virtualization.info/radar

EXKURS

Neben dem Thema Virtualisierung rückt derzeit auch immer wieder der Begriff Cloud Computing in das Interesse der Medien. Das sogenannte "Rechnen in der Wolke" ist dabei immer mehr eine interessante Option für viele Unternehmen, da bestimmte Bereiche oder die ganze IT nicht mehr selbst betrieben bzw. bereitgestellt, sondern über einen oder mehrere Anbieter bezogen werden.

Die Anwendungen und Daten befinden sich nicht mehr auf dem lokalen Rechner oder im Rechenzentrum des Unternehmens, sondern – bildlich gesprochen – in der Wolke (Cloud). Der Zugriff auf diese entfernten Systeme erfolgt über ein Netzwerk. Ähnliche Ansätze gab es bereits früher in Form von ASP (Application Service Provider) oder SaaS (Software as a Service) durch Drittunternehmen.

Ein gutes Beispiel hierfür ist das Angebot EC2 von Amazon, das primär die Möglichkeit bietet, Webdienste auszulagern. Jedoch kann man heute das bestehende Angebot durchaus für andere Zwecke nutzen.

4.6   Server-Virtualisierung

Servervirtualisierung bezeichnet Software- oder Hardware-Techniken, die dazu dienen, mehrere Instanzen eines oder verschiedener Betriebssysteme auf einem einzigen Rechner gleichzeitig nebeneinander laufen zu lassen und zu betreiben. Die einzelnen Instanzen werden als virtuelle Maschine (VM) oder Gastsystem bezeichnet und verhalten sich in der virtuellen Umgebung nahezu identisch zum Betrieb direkt auf der physikalischen Hardware. Der Gast wird aus Sicht des Basis-Betriebssystems (Host oder Wirt) von der Hardware abgekoppelt und kann somit wie ein Softwareobjekt flexibel unabhängig von der darunterliegenden Hardware behandelt werden. Diese Isolierung bringt verschiedene Vorteile mit sich, die sich auch wirtschaftlich sehr positiv auswirken können. Die Kernmerkmale sind dabei:

- Geringere IT-Hardwareinvestitionen (Server)
- Optimale Auslastung der vorhandenen IT-Hardwareressourcen
- Reduktion der Stellfläche im RZ und Betriebskosten wie Strom und Klima
- Erhöhung der IT-Verfügbarkeit
- Zentrales, einheitliches IT-Management.

Die Server-Virtualisierung fungiert als eine der perfekten Säulen und als Grundlage der Desktopvirtualisierung und geht mit dieser Hand in Hand.

(Eine detaillierte Beschreibung zum Thema Server-Virtualisierung findet sich in Kapitel „End-to-End-Virtualisierung")

4.7   Provisionierungs-Schicht

Der siebte Layer des vStacks rundet das Gesamtbild der Virtualisierung perfekt ab, da es sich mit der Frage beschäftigt, wie die virtuellen Maschinen mit Daten, Betriebssystem und Anwendungen befüllt werden.

Kundenbeispiel / Erfahrungsbericht

Fast alle Kunden, mit denen wir in der Diskussion sind, haben bzw. hatten ein VDI-Projekt aufgesetzt. Viele Kunden gehen dabei allerdings den schweren Weg, indem sie ein Abbild der im Augenblick im Feld befindlichen Architektur auf das Rechenzentrum übertragen wollen.

Glücklicherweise gibt es Tools, die sog P2V- (physical to virtual) Konvertierungs-Tools, die einen Client 1:1 auf eine virtuellen Maschine abbilden.

Jetzt kann man ganz einfach, ohne sich über Nutzerklassen und Applikationslisten Gedanken machen zu müssen, einen Client auf eine virtuelle Maschine übertragen. Betriebssystem, Anwendungen, Einstellungen, einfach alles. Der Nutzer muss dann nur noch über ein Protokoll von seinem Endgerät auf seinen Container oder seine virtuelle Maschine zugreifen und kann alles wie zuvor.

Das mag auch stimmen, pflichtet man dann seinem Gegenüber zu und es ist auch der richtige Ansatz, um eine erste Begegnung mit der Desktop-Virtualisierung zu haben. In gleichem Atemzug stellen wir in diesem Zusammenhang die Frage nach dem Businesscase, den Einsparungen von VDI und wo der Kunde in diesem Umfeld Einsparungen erwartet.

Wir vertreten hier die These, dass es bei der oben beschriebenen Vorgehensweise sehr schwer sein wird, Einsparungen aufzuzeigen, geschweige denn diese zu realisieren.

Wenn man nichts anderes umsetzt als seine komplexe Nutzer-Endgeräte-Infrastruktur 1:1 ins Rechenzentrum zu stellen, hat man sich um die Infrastruktur des Nutzer weiterhin zu kümmern, man hat alle virtuellen Maschinen so zu warten wie zuvor die Endgeräte-Welt und man hat in Server-Infrastruktur und Storage zu investieren, um die Endgeräte abzubilden. Wenig Raum für Einsparungen

Strukturierung und Automatisierung der IT lösen sich mit der Virtualisierung nicht von allein, sondern müssen mit der Planung der Virtualisierung einhergehen.

Wir haben aus Schicht 1 eine Einteilung der Nutzer in verschiedene Rechteklassen. Wir wissen aus Schicht 2, welche Endgeräte und Peripherie der Nutzer braucht, um seine Anforderung erfüllt zu wissen. Wir haben aus Schicht 5 eine Applikationsliste und eine Zuteilung der Applikationen zu den Nutzergruppen, sowie eine Aufteilung nach verschiedenen Standorten des Unternehmens. Wir haben ebenfalls aus Schicht 5 den Aufbau und die Nutzung einer Applikationsfarm und die Einteilung in virtualisierte Desktops auf Basis virtueller Maschinen, sowie Applikationen, die gestreamt werden müssen oder in einer Farm zur Verfügung gestellt werden. Dort legen wir insbesondere auch die Kombination aus einer VM Desktopumgebung in Verbindung mit einer Applikationsfarm fest. Wir haben aus Schicht 6 eine Aufteilung in physische Maschinen und virtuelle Maschinen, die als pure Hülle ohne Betriebssystem und Applikation vorliegen und warten, dem Nutzer zur Verfügung zu stehen.

Die Provisionierung bildet nun die finale Klammer. Die Grundidee besteht dabei darin, aus einem einzigen Image (dem Abbild eines physikalischen oder virtuellen Rechners, inklusive Betriebssystem und Grundapplikationswarenkorb) alle Maschinen (virtuell oder physikalisch) zu bedienen.

Abbildung 13: Der vStack

Ändert sich etwas am Betriebssystem oder muss eine Applikation aktualisiert werden, wird nur das Image geändert und beim nächsten Bootvorgang auf dieses Image zurückgegriffen.

Es kann dabei eingestellt werden, ob der Nutzer selbst die Möglichkeit haben soll, ein Image zu verändern. Ist dies eingeschränkt oder nicht erlaubt, bootet der Nutzer jedes Mal frisch, so als ob sein System kurz nach der Installation zur Verfügung gestellt würde. Individuelle Bestandteile werden dabei separat gespeichert und On-Demand beim Bootvorgang dazu geladen.

5 Einsparpotenziale im vStack

Nachdem nun der gesamte Virtualisierungsraum greifbar im Sieben-Schichten-Modell dargestellt wurde, ist es an der Zeit, sich zu den einzelnen Einsparpotenzialen Gedanken zu machen. Dabei soll die folgende Einteilung einen ersten Hinweis geben, wie weit eine Einsparung greifbar und umsetzbar ist.

Tabelle 10:   Klassifikation Einsparpotenziale

+++	Das Einsparpotenzial ist in hohem Maße sofort realisierbar und geht in die TCO/ROI Beispiel Berechnung des folgenden Kapitels mit ein.
++	Das Einsparpotenzial ist zahlenmäßig erfassbar und hat sowohl direkte als auch indirekte Auswirkungen.
+	Das Einsparpotenzial ist mittels Zahlen nur sehr schwer einzuordnen, der Aufwand einer Recherche ist enorm.
N	Neutral, dieser Baustein ist eine Grundvoraussetzung

- Bring your own PC (BYOC) +++
- Herausragende "User Experience" +
- Mitarbeiterproduktivität +
- Security ++
- Investition in "Smart User Appliances" +++
- Betriebssystems-Update/Upgrade +++
- Ausrollen einer neuen Betriebssystemgeneration +++
- Administration verschiedener Betriebssysteme +++
- Management der Endgeräte +++
- Vor-Ort-Support +++
- Geringere Ausfallzeiten ++
- Verlängerte Nutzungszeiten +
- Sicherer Zugriff von zu Hause aus (Pandemie) +
- "Consumerization" +
- Cloud Computing +
- Neue Business-Modelle +
- Effiziente Architektur der Servicekomponenten +++
- Applikationsmanagement+++
- Zentraler Help Desk Support +++
- Administratoren Reisezeiten / Reisekosten +++
- Vermeidung von unnötigen Softwareanpassungen +++
- Server-Konsolidierung +++
- Speichernutzung ++
- "Single Image"-Ansatz ++

5.1   Benutzer

Hat man die Benutzergruppen segmentiert, kann man jeder Benutzergruppe ein Lösungsbaustein der Desktopvirtualisierung zuordnen. Dabei ergeben sich die Einsparpotenziale vor allem aus der effizienten Gestaltung der Architektur für die jeweilige Benutzergruppe und die mögliche Gestaltung der Eigenverantwortung der Aufgabenstellung. So kann beispielsweise ein Datentypist mit einem Shared Desktop und einem Thin Client als Endgerät seine Aufgaben zur vollsten Zufriedenheit erfüllen. Einem technisch versierten Fremdfirmenmitarbeiter oder dem IT Personal kann das Angebot gemacht werden, das eigene Endgerät mitzubringen und dieses dann mittels Desktopvirtualisierung zu versorgen. Dies hat beispielsweise enorme Auswirkungen im Investitionsbereich, das die Anschaffung eines Endgerätes für diese Benutzergruppe entfallen lässt.

Nicht zu vernachlässigen ist auch das Thema der Benutzerzufriedenheit, auch wenn hier kein direktes Potenzial zu heben ist, hat dieser Punkt sehr starke Auswirkungen auf Projektlaufzeiten.

Ein weiterer Punkt beschäftigt sich mit der Benutzerproduktivität. Auch hier handelt es sich um indirekte Kosten die nicht sofort Budgetrelevant sind, allerdings nicht zu unterschätzende Auswirkungen haben können. Insbesondere bei der Betrachtung der IT Organisation als Service Organisation spielen sie für die Bezieher des Services durchaus eine entscheidende Rolle.

5.1.1   Bring your own Computer (BYOC)

Was bei den Telekommunikationsunternehmen mit „Rechnung Online" schon lange „Gang und gäbe" ist, nämlich die Rechnung im Web zu präsentieren und diese den Kunden dann ausdrucken zu lassen, was enorm Druckkosten und Porto spart, findet jetzt auch bei IT-Firmen Einzug. Die Idee ist, dass der Mitarbeiter sein eigenes Gerät auch für die Arbeit nutzt.

Kundenbeispiel / Erfahrungsbericht

Citrix hat im Jahr 2008 ein Programm namens BYOC (bring your own Computer) ins Leben gerufen. Dabei wird uns als Mitarbeitern gestattet, ein eigenes Gerät als Arbeitsmittel zu nutzen. Einzige Voraussetzung sind der Abschluss eines „Care Packs" und für das genutzte Betriebssystem muss es einen Citrix Receiver geben. Viele unserer Kollegen wie auch wir sind natürlich sofort auf ein MacBook umgestiegen und auch nach zwei Jahren äußerst zufrieden damit.

Finanziell spart Citrix pro Mitarbeiter ca. $800. Die TCO-Kostenstruktur (Anschaffung, Betrieb, Entsorgung) für ein Endgerät liegen für einen

Betrachtungszeitraum von drei Jahren bei ca. $1.000 pro Jahr ($3.000 für eine dreijährige Nutzungszeit).

Je Gerät bekommt der Mitarbeiter $2.200 überwiesen und ist für alles außer für den Support der Applikationen und den virtuellen Desktop selbst verantwortlich. (Dies ist auch der Grund für den notwendigen Care Pack)

Ein interessantes Programm, das auch andere Firmen bei uns nachfragen. Man muss allerdings zugeben es gibt einen Haken, der in die Diskussionen mit eingebracht werden sollte. Die Erfolgswahrscheinlichkeit des Programms ist direkt proportional zur „Technik-Affinität" der Mitarbeiter. Die Mitarbeiter müssen mit ihrem Gerät schließlich selber umgehen können.

5.1.2 Herausragende "User Experience"

Die Erwartungshaltung der Mitarbeiter, dass sie in einer virtualisierten Umgebung genauso arbeiten können wie mit dem eigenen Rechner unter dem Schreibtisch, ist enorm. Dieser Faktor ist in einem Virtualisierungprojekt nicht zu unterschätzen. Kommen Zweifel an dieser Einschätzung auf, sind sehr oft Blockaden, Verzögerungen und damit eine starke Beeinflussung des Virtualisierungsprojektes die Folge. Meistens mit einem sehr oft negativen Effekt auf die Projektkosten und dessen Zeitverlauf.

Diese Einstellung ist nur allzu menschlich und in einem Projekt auf jeden Fall zu bedenken und mit entsprechenden Maßnahmen zu begegnen. Möglich wäre hier, einen Virtualisierungskiosk aufzustellen (ein Einzelgerät, das von jedem zu Testzwecken genutzt werden kann) oder Mitarbeiter einzubeziehen im Rahmen von Fragebogenaktionen oder Virtualisierungsteams zu bilden oder...

5.1.3 Mitarbeiterproduktivität

Kundenbeispiel / Erfahrungsbericht

Viele von uns kennen die Situation, dass nach einem über Softwareverteilung eingespielten Patch der Drucker nicht mehr reagiert oder eine sonstige Herausforderung auftritt. Sofort ist der Experte im über den Gang huschenden Kollegen ausgemacht, und die kommenden 20 Minuten wird diskutiert, warum denn der Drucker nicht mehr möchte. Nach verzweifelter Suche wird dann doch der Support angerufen und gemeinsam der Druckerserver in die geänderte Applikation eingetragen.

So oder so werden Unmengen von Zeit an unproduktiver Arbeit vergeudet. Und obwohl es jeder kennt, ist es schwer hieraus reale Zahlen herauszuarbeiten. In unseren Berechnungen lassen wir diese Zahlen auch nicht einfließen; ein

Beispiel, auf das hier besonderer Wert gelegt wird, ist die Berechnung der Fraunhofer Studie.

[Fraunhofer, 2008] PC vs. Thin Client -Wirtschaftlichkeitsbetrachtung. Fraunhofer Institut.

5.1.4   Security

Im Zuge der Virtualisierung der Desktops werden zwei Bereiche der Security besonders ins Augenmerk genommen. Zum einen ist zu überlegen, wie Software, beispielsweise Virenprogramme, in eine virtuelle Struktur eingebunden werden müssen, zum zweiten ist die Zentralisierung der Daten ein wesentlicher Bestandteil der Desktopvirtualisierung.

Kundenbeispiel / Erfahrungsbericht

Einen weiteren Aspekt der Desktopvirtualisierung ergab sich in einem Meeting eines weltweiten Herstellers für Abfüllanlagen. Wir diskutieren Virtualisierungslösungen und kommen im Rahmen der Applikationsliste auf die technischen Zeichnungen der Anlagen. Die Firma lässt in China von einer Partnerfirma zeichnen. Dabei werden die technischen Zeichnungen als Dateien direkt nach China geschickt und dort verarbeitet.

Nach der Frage, ob dieses Vorgehen in das geistige Eigentum (Intellectual Property) Sicherheitskonzept passt, kommt die Antwort, dies sei ein notwendiger Kompromiss.

Hier kann Virtualisierung den gewünschten Effekt erzielen, Daten innerhalb der eigenen Netzwerke zu belassen und diese von externen, irgendwo in der Welt sitzenden Partnerfirmen bearbeiten zu lassen.

Ein weiterer Bereich, der in Bezug auf die Sicherheitsaspekte Berücksichtigung finden muss, sind die definierten Zugriffsverfahren. Welches Endgerät, das jetzt natürlich auch virtualisiert sein kann, darf worauf zugreifen. So ist beispielsweise konfigurierbar, dass man aus einem Internet Cafe nicht auf alle Applikationen zugreifen kann, von dem heimischen Computer, der alle Sicherheitsvorschriften des Unternehmens berücksichtigt, aber schon.

5.2   Nutzer Endgerät

Die Auswahl des richtigen Endgerätes kann sich gerade im Investitionsbereich sehr stark auswirken, hat aber auch direkten Einfluss auf den Betrieb der Endgeräte. Die Auswahl der Endgeräte muss daher einher gehen mit der Definition der Nutzergruppen und der entsprechenden Anforderungen dieser Nutzergruppe.

Thin Clients sind beispielsweise vom Anschaffungspreis und von der Wartung der Geräte die effizienteste Lösung, setzen allerdings im Rahmen ihrer Möglichkeiten Grenzen in Bezug auf die Benutzeranforderungen. Teilt man Endgeräte in Effizienzstufen ein, dann würden geschlossene, vollständige PCs an nächster Stelle kommen (geschlossen bedeutet in diesem Sinne, dass der Benutzer keine Administrationsrechte für die Geräte hat uns somit nicht von sich aus installieren kann). Die Investition in diese Geräte ist etwas höher, die Wartbarkeit und der Betrieb erfordern in der Regel mehr Aufwände als Thin Clients. Am anderen Ende der Skala rangieren die PCs, deren Nutzer alle Rechte haben und diese auch einsetzen.

Die Anwendung der Effizienzstufen wirkt sich auch auf weitere kostenrelevante Bereiche wie beispielsweise das Upgrade des Betriebssystems auf einem Endgerät, Support und Stehzeiten des Endgerätes oder den gesamten Endgeräte-Betriebsprozess (IMAC Prozess) aus.

Im Allgemeinen kann man sagen, dass je unabhängiger das Endgerät von den anderen IT-Komponenten ist, desto größer sind die potenzialen Einspareffekte. Dies lässt sich sogar noch weiter zu einem Prinzip der Desktopvirtualisierung ausbauen: Je mehr die einzelnen IT-Komponenten (Endgerät, Betriebssystem, Applikationslandschaft, Daten) entkoppelt sind, desto größer ist ein potenzieller Einspareffekt, da alle Aufwände für den Betrieb der Abhängigkeiten der einzelnen Komponenten entfallen oder auf ein Minimum reduziert werden können.

5.2.1   Investition in "Smart User Appliances"

Kundenbeispiel / Erfahrungsbericht

Wir sitzen mit einem großen Telekommunikationsunternehmen und dem Hersteller einer Thin Client-Familie zusammen und besprechen die Client-Strategie der kommenden Jahre. Dabei geht es um ca. 30.000 Clients und ein Investitionsvolumen von ca. 15 Mio. €. Die neue Client-Strategie soll auf einer Shared Desktop-Strategie aufbauen und als Endgeräte sollen Thin Clients zum Einsatz kommen. Auf die Frage, was denn so ein Thin Client kostet, antwortet der Vertriebskollege, Listenpreis so ca. 500€, was als Reaktion hervorrief, dass dies auch der Preis der Fat Clients für die einkaufende Firma sei.

Ein klassischer Fauxpas auch in vielen Kalkulationen. Bei Preisen sollte immer die Einkaufsmacht des Kunden berücksichtigt werden. Sicherlich wird der Thin Client-Hersteller bei 30.000 Geräten auch einen gewissen Discount einräumen. In der Regel ist die Investition in Thin Client ca. 20% günstiger als der Kauf von Fat Clients. Der größere Effekt wird hier allerdings in der Wartung der Geräte erzielt.

Wir hatten ein großes Projekt eines Kunden mit Außenstellen in Russland. Sobald etwas am Endgerät der Außenstelle nicht stimmte, durfte der Administrator hinfliegen und reparieren. Mit dem Einsatz eines Thin Clients sind diese Kosten sofort weggefallen, da eine jetzt notwendige Reparatur dadurch erledigt wird, dass ein Ersatz-Thin Client ans Netz angeschlossen wird, und weiter geht's.

5.2.2   Betriebssystems-Update/Upgrade

Die größten Einsparpotenziale birgt die Applikations- und Desktopvirtualisierung in der Tatsache, dass der Client Desktop zentral gehostet und gewartet wird. So lassen sich Aufwände, die darin liegen, Betriebssystemerweiterungen in Form von Patchen oder Versionssprüngen gegen alle Endgeräte und Applikationen zu testen, enorm reduzieren. (Regressionstest)

Das auf dem Endgerät verbleibende Betriebssystem wird nur noch als Vehikel genutzt, den Desktop aus der Zentrale über den Receiver zu empfangen. Alle Änderungen werden in der Zentrale getestet und stehen dann beim nächsten Starten einer Virtualisierungssitzung dem Nutzer zur Verfügung.

In einigen Projekten zeigen sich gerade in diesem Bereich Einspareffekte bis zu 65% in Bezug auf den Aufwand, Erweiterungen des Betriebssystems gegen alle IT-Komponenten und Applikationen zu testen und dies nicht nur einmal, sondern bei jeder größeren Änderung des Betriebssystems. Sehr oft werden aus diesem Grund auch einzelne Betriebssystemversionen einfach übersprungen.

5.2.3   Ausrollen einer neuen Betriebssystemgeneration

In vielen Unternehmen findet derzeit die Evaluierung des Umstiegs auf eine neue Betriebssystemsgeneration statt. Hier entstehen ein enormer Aufwand und sehr hohe Kosten. Die Desktopvirtualisierung kann hier den Umstieg sehr erleichtern bzw. eine effiziente Lösungsalternative sein. Ein sehr interessantes Beispiel, welche Möglichkeiten derzeit schon technisch umgesetzt werden können, zeigt ein YouTube Video, auf dem ein Windows 7 auf einem iPad genutzt wird. (http://www.youtube.com/watch?v=_2Gpnq_o9Gg)

Geht man davon aus, dass innerhalb des Zeitraumes einer Wirtschaftlich-keitsbetrachtung, in der Regel 3 oder 5 Jahre, einmal das Client-Betriebssystem aktualisiert werden soll, ergeben sich sehr gute Einspar-möglichkeiten in der Reduktion des Aufwandes des Betriebssystem-rollouts.

Hier ein kurzes Rechenbeispiel aus einer Projektkalkulation:

- Weltweit aufgestelltes Unternehmen ca. 35 Standorte in allen Regionen der Welt
- 2.500 Endgeräte mit 300 Applikationen
- Aufbau einer Virtualisierungsarchitektur mit „Hosted Shared Desktops":
- Angenommen ein Betriebssystem-Upgrade innerhalb der kommenden 3 Jahre
- Geschätzter Aufwand ca. 1.000 Tage (fünf Personenjahre) für
  - Planung
  - Kompatibilitäts-Test-Endgeräte – Neues Betriebssystem
  - Kompatibilitäts-Test-Applikationen – Neues Betriebssystem
  - Regression-Tests-Applikationen
- Reduktion des Aufwandes mit Hilfe der auf Virtualisierung basierten Architektur um ca. 400 Tage (zwei Personenjahre)

Wichtig hierbei ist zu erwähnen, dass dies keine allgemein gültigen Zahlen sind, sondern die für einen Kunden individuell errechnete Zahlenbasis darstellt. Eine Übertragung auf andere Firmen nach dem Motto: „Sie können mit dieser Virtualisierungsform 55% einsparen" halten wir für absolut unseriös. Virtualisierung bietet ein riesiges Potenzial, dessen Größe und Effektivität immer erst im Einzelfall zu validieren sind !

5.2.4   Administration verschiedener Betriebssysteme

Ist es im Rahmen der Anforderungen des Unternehmens notwendig, mehrere Betriebssystemplattformen zu unterstützen, ergeben sich aus der zentralen Bereitstellung und Verwaltung weitere Potenziale. So kann bei Nutzung der Desktopvirtualisierung mit Hilfe einer Änderung der Zuweisung eines Nutzers zu einem Betriebssystem und einem folgenden Neustart der Nutzer auf das neue Betriebssystem zugreifen, ohne dass das Endgerät geändert oder neu installiert werden muss.

Gerade im Softwareentwicklungsumfeld oder im Trainingsbereich des Unternehmens ergibt sich die Möglichkeit, sehr effizient unterschiedliche IT-Plattformen zu nutzen.

5.2.5   Management der Endgeräte

Lebenszyklus eines Endgerätes (erweiterter IMACs-Prozess) in Beschaffung, Aktivierung und Betrieb

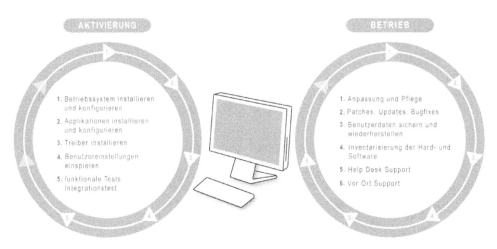

Abbildung 13: Aktivierung und Betrieb

Desktopvirtualisierung hat sehr große Auswirkungen auf den Management-Prozess der Endgeräte. Sowohl in der Erstbeschaffung und Aktivierung, wie auch im späteren Betrieb der einzelnen Endgeräte. Voraussetzungen sind dabei die oben bereist angesprochenen Punkte wie eine mögliche Abschottung der Endgeräte, wie die Zuweisung einer Endgerätklasse zu den Benutzergruppen (bspw. Thin Clients) oder auch die Verlängerung der Nutzung der Endgeräte. Der eigentliche Desktop wird dann aus der Zentrale zur Verfügung gestellt. Der Aktivierungsprozess reduziert sich dann im Falle eines Thin Clients auf das Beschaffen und Liefern in die Außenstelle und die Integration ins Netzwerk. Der Nutzer wird mit seinem Profil in das Directory eingetragen und kann sich dann am Portal, Web Interface oder direkt in einer Anmeldemaske anmelden und bekommt seinen zugewiesenen Desktop oder einen Desktop aus dem Pool oder greift direkt auf seine zugewiesenen Applikationen zu. Sämtliche Pflege und Wartungsmaßnahmen reduzieren sich auf den Ersatz des Thin Clients (im Falle einer weit entlegenen Außenstelle kann es Sinn machen, ein Ersatzgerät in der Außenstelle zu halten, welches im Falle eines Ausfalles des Thin Clients genutzt werden kann. Auf dem Endgerät selber werden keine Daten vorgehalten, so dass der „Disaster und Recovery"-Prozess im Rahmen des zentralen Prozesses mit abgefangen wird.

Sieht man sich die einzelnen Prozessschritte an, dann kann man auf Grund der Virtualisierung schon das ein oder andere Potenzial in der Veränderung der Schritte erkennen. Die untere Liste nimmt sich dieser Erstbetrachtung an:

Management der Endgeräte:

1. Beschaffung der Endgeräte (Standardisiert je Benutzergruppe, mit längerer Nutzungszeit, Umzug nicht so häufig notwendig)
2. Betriebssystem installieren und konfigurieren (entfällt bzw. minimiert)
3. Applikationen installieren und konfigurieren (entfällt, zentral gesteuert)
4. Treiber installieren (entfällt bzw. minimiert)
5. Benutzereinstellungen einspielen (entfällt, werden mittels Profil bereit gestellt)
6. Anpassung und Pflege (wird geringer, da Endgerät gehärtet)
7. Patches, Updates, Bugfixes (im Rahmen des Endgeräte-Zyklus)
8. Benutzerdaten sichern und wiederherstellen (zentraler Prozess)
9. Inventarisierung der Hard- und Software (zentraler Prozess)
10. Help Desk Support (bleibt, wird allerdings weniger wegen der geringeren Abhängigkeiten des Endgerätes zum Betriebssystems und den Applikationen)
11. Entsorgung des Endgerätes (im Endgeräte-Zyklus, für virtuelle Desktops minimaler Aufwand)

In diesem Bereich können sich Einsparpotenziale bis zu 30% und mehr ergeben. Insbesondere bei Anforderungen wie beispielsweise: „Wir benötigen zum Aufbau eines neuen Standortes 200 neue Desktops, die wir über Thin Clients bereitstellen werden oder wir haben einen Bereich übernommen und müssen sehr schnell arbeitsfähig sein oder wir wollen einen neuen Desktop an all unsere Filialen ausrollen ..." Kunden berichten hier von einer Zeitspanne von 2 Wochen, um 200 neue virtuelle Desktops inklusive der Endgeräte zur Verfügung zu stellen.

5.2.6   Vor-Ort-Support

Auch der gesamte Support-Prozess wird im Rahmen der Desktopvirtualisierung Änderungen unterliegen. So zeigt sich in verschiedenen Projekten, dass der Aufwand für den „Vor Ort"-Support auf Grund der geringeren Abhängigkeiten zurück geht. Der 2nd Level Support allerdings kann insbesondere in der Anfangsphase der Nutzung steigen. Dies resultiert aus der notwendigen Suche des Verursachers eines Problems im virtuellen Raum. Auch der notwendige Skill Level für diese Fehlersuche wird im Umfeld der Virtualisierung ein anderer sein.

5.2.7   Geringere Ausfallzeiten / Verlängerte Nutzungszeiten

Auch diese beiden Punkte gehen einher mit der Nutzung von Thin Client als Endgerät und den damit verbundenen Einsparpotenzialen in der

Investitionsphase. Eine Kalkulation aus einem Projekt soll diese Möglichkeiten verdeutlichen.

Der Kunde, ein Enterprise-Kunde, hat ca. 30.000 Endgeräte im Einsatz, die gleichmäßig über einen Nutzungszeitraum von 3 Jahren jeweils zu einem Drittel neu beschafft werden.

- Anzahl der Endgeräte: 30.000
- Anschaffung je Jahr: 10.000 Geräte

Der Preis für einen voll ausgestatteten PC konnte mit ca. 750€ angesetzt werden, der Preis für einen Thin Client mit ca. 450€. Kosten für das Betriebssystem waren in beiden Fällen gleich, der Kunde hat ein Microsoft Enterprise Agreement mit Softwareassurance. Im Vorfeld des Virtualisierungsprojektes wurde eine Untersuchung gestartet, in wie weit die Anforderungen mit Shared Desktops und Thin Clients abgedeckt werden können. Das Ergebnis der Untersuchung zeigte, dass ca. 80% der Endgeräte durch Thin Clients ersetzt werden konnten. Des Weiteren zeigte sich die Möglichkeit, vorhandene Endgeräte für die Bereitstellung der Shared Desktops zu nutzen und somit die Nutzungszeit um zwei weitere Jahre zu verlängern und danach die Beschaffung von Thin Clients einzuleiten.

Im Verlängerungszeitraum wurde davon ausgegangen, dass 10% der Endgeräte je Jahr auf Grund von Defekten gegen Thin Clients ausgetauscht werden.

Damit ergibt sich eine Kalkulation für die Alternative 1 (Bestellung wie zuvor) von:

Tabelle 11:   Kalkulation für Alternative 1

Gerät	Preis	1. Jahr	2. Jahr	3. Jahr
PC's	750€	10.000 Stück	10.000 Stück	10.000 Stück
		7.500.000 €	7.500.000 €	7.500.000 €
Summe:		7.500.000€	7.500.000 €	7.500.000 €

Für die Alternative 2 (Nutzung von Desktopvirtualisierung und Thin Clients)

Tabelle 12:   Kalkulation für Alternative 2

Gerät	Preis	1. Jahr	2. Jahr	3. Jahr
Thin Clients	400€	1.000 Stück	1.000 Stück	8.000 Stück
		400.000 €	400.000 €	3.200.000 €

Vorstudie:	30.000€	30.000€		
PC's	750€			2.000 Stück
				1.500.000€
Shared Desktop Server-Infrastruktur	10,30€ je Monat je Endgerät	24.000	24.000	24.000
		2.966.400€	2.966.400€	2.966.400€
Summe:		3.396.400€	3.366.400 €	7.666.400 €

Gesamtkosten Alternative 1:   22.500.000 €

Gesamtkosten Alternative 2:   14.429.200 €

Einsparpotenzial (3 Jahre):   8.070.800 €

In den Abschreibungen für die „Shared Desktop Server-Infrastruktur" sind alle Server- und Softwarekomponenten sowie Projektkosten zum Aufbau der Virtualisierungsarchitektur enthalten.

In diesem Fall bleibt zu beachten, dass Potenziale, die sich aus der Reduktion des Aufwandes für den Betrieb ergeben, nicht mit eingeflossen sind. Des Weiteren ist in diesem Fall zu beachten, dass die Server Infrastruktur auf drei Jahre angesetzt ist.

5.3   Zugang / Servicenetz

5.3.1   Sicherer Zugriff von zu Hause (Pandemie)

Die Desktopvirtualisierung schafft mir ihrer Entkoppelung des Desktops vom Endgerät die Möglichkeit, unabhängiger zu arbeiten. Dies kann Vorteile für Unternehmen bringen, die auf eine Pandemieplanung angewiesen sind. Gerade in der jetzigen Zeit, in der die Grippe eine große Anzahl von Menschen über mehrere Tage ins Bett zwingt und die Ansteckung sehr aggressiv ist, wird eine Kontinuität des Geschäftes gewährleistet, wenn Mitarbeiter – die nun gezwungenermaßen aber gesund zu Hause bleiben müssen - auf demselben Desktop von zu Hause aus arbeiten können, als ob sie direkt an ihren Schreibtischen sitzen. Sie verbinden sich von zu Hause aus auf die virtuellen Desktops, und los geht's. IT kann hier aber nicht nur im Falle einer Epidemie Vorteile aufzeigen, sondern auch schon bei ganz alltäglichen Umständen, wie beispielsweise dem Ausfall des öffentlichen Nahverkehrs auf Grund eines Unfalls oder ...

Sieht sich ein Mitarbeiter einer zweistündigen Verspätung der S-Bahn gegenüber, kann er von zu Hause aus seinen Desktop starten und die Arbeit ohne Verzögerung beginnen. Auch flexible Arbeitszeitgestaltung und das immer wieder in den Nachrichten verbreitete Thema der „Work Life Balance" finden hier einen Bezug zur Desktop-Virtualisierung.

5.4   Portalschicht

Die Portalschicht stellt die Verbindung der Nutzerwelt mit der Rechenzentrumswelt dar. Dabei sind die Themen, die sich an dieser Nahtstelle treffen, vor allem die Einbeziehung des Nutzers in die Aufgaben der IT und die Integration und effiziente Nutzung verschiedener Servicekomponenten, die nicht notwendigerweise aus dem eigenen Rechenzentrum zur Verfügung gestellt werden müssen.

5.4.1   "Consumerization"

Obwohl nicht direkt budgetrelevant, kann in der Auslagerung von Aufgaben an den Nutzer eine spürbare Entlastung der IT bemerkbar sein. Einher geht eine scheinbare Erhöhung der Verantwortung des einzelnen Nutzers. Beispiele hierfür sind „das eigene Zurücksetzen eines Passworts", das in vielen Unternehmen bereits umgesetzt ist, aber auch das „Mitbringen des eigenen Laptops" des Mitarbeiters kann unterstützt werden. Der Mitarbeiter verbindet sich dann mit dem Firmennetzwerk und kann in einem Kiosk die notwendigen Applikationen oder Desktops auswählen und mit oder in diesen arbeiten. Der Begriff „Self Service Kiosk" wird in diesem Bereich sehr ausführlich diskutiert. Jeder Aufwand, der automatisiert an den Nutzer weitergegeben werden kann, nimmt Aufwand aus dem Rechenzentrum. Die Automatisierung kann dabei sogar so weit gehen, dass ganze Prozess abgebildet und automatisch über die Portalschicht abgebildet werden. Das Abonnieren einer neuen Applikation beispielsweise mit dem entsprechenden Genehmigungsverfahren, vielleicht einem notwendigen Test und Integrationsablauf, der automatisch einen Testdesktop generiert, ein Testfenster bucht, den Testern einen Termin einträgt und einen Testplan vorschlägt und nach Freigabe den Nutzer informiert und seine Zugangsdaten übermittelt.

5.4.2   Cloud Computing

Einsparpotenziale, die hinter dem Begriff „Cloud Computing" stecken, gehen einher mit der Motivation, die verschiedenen Lösungsbausteine der Desktop-virtualisierung zu nutzen. Für jeden Service, den die IT anbieten will, ist zu ergründen, in welcher Fertigungstiefe und zu welchem Preis dieser Service angeboten werden kann. Dabei kann man eigene spezialisierte Services auch anderen Rechenzentren anbieten, die diese dann für eine Gebühr beziehen können.

Somit ergibt sich ein Netz, eine Wolke aus verschiedenen Service-Komponenten, die günstiger genutzt und zur Verfügung gestellt werden können.

5.4.3   Neue Business-Modelle

IT-Organisationen begreifen sich mehr und mehr als Profit Center und Anbieter verschiedener Services, die vom Rest des Unternehmens genutzt werden können. Die Desktopvirtualisierung stellt dabei ein Lösungsportfolio zur Verfügung, das zur Gestaltung und Effizienz der IT Services beitragen kann. Ist bisher sehr oft der Service „User Client" definiert, der sehr oft darin besteht, einen PC vor Ort lokal aufzustellen, zu betanken und zu warten, zu patchen, zu ergänzen, zu sichern und, und, und, kann dieser Service jetzt in verschiedenen Services aufgegliedert werden. Vielleicht hat das Unternehmen eine Vielzahl an Praktikanten, die für sechs Wochen im Unternehmen arbeiten und ihren eigenen Rechner mitbringen wollen. Dieser Service kann definiert und angeboten werden. In einem der folgenden Kapitel wird dieser Ansatz noch in aller Tiefe diskutiert.

Hier sei erwähnt, dass sich aus dieser Motivation im Augenblick auch verschiedene Modelle im Consumer oder KMU (kleine und mittelständische Unternehmen) -Bereich entwickeln, die den flexiblen Ansatz der Desktop-virtualisierung als Businessmodell nutzen.

5.5   Service-Schicht

In der Service-Schicht finden sich alle Service-Komponenten der Desktop Virtualisierung wieder. Dies ist praktisch das Herzstück. Hier gibt es zwei zentrale Bereiche im Einsparumfeld. Zum einen der effiziente Aufbau der Server-architektur, auf der die einzelnen Servicekomponenten laufen. Zum Zweiten die Entkoppelung der Applikationslandschaft vom Desktop.

5.5.1   Effiziente Architektur der Service-Komponenten

Die Effizienz der einzelnen Service-Komponenten liegt in der Anzahl der Nutzer je Server bzw. in der Anzahl der virtuellen Maschinen je Core begründet. Die Bandbreite dabei hängt sehr stark vom Applikationswarenkorb ab und kann damit nicht verallgemeinert werden. Ein weiterer bestimmender Faktor ist das Verhältnis gleichzeitiger Benutzer gegenüber allen möglichen Benutzern. Liegt dieses Verhältnis bspw. bei 0,5 oder 50% so muss eine Servicefarm für 1.000 Nutzer zur Verfügung gestellt werden, um eine Kapazität von 2.000 Nutzern abzudecken (von Pufferkapazitäten einmal abgesehen). Bei 30% müsste eine Servicefarm für 600 Nutzer aufgebaut werden, um die Zahl von 2.000 Gesamtnutzern abdecken zu können. Natürlich sollte man bei einer detaillierteren Kalkulation nicht vergessen, einen gewissen Puffer bzw. Spitzen mit einzubeziehen. Für folgende Parameter würde sich in Bezug auf die verschiedenen Desktopvirtualisierungskomponenten folgende Preisstruktur ergeben:

Anzahl der User je 64 Bit Server:	100
Anzahl der virtuellen Maschinen je Core:	7
Microsoft Lizenzen inkludiert:	Ja
Parallele Nutzer des Systems:	3000
Gesamte Anzahl an Nutzern:	5000
Anzahl der Endgeräte:	5000
Virtualisierungssoftware inkludiert:	Ja
Serverkomponenten für folgende Aufgaben:	Desktop Broker;
	Applikationsfarm
	Provisionierung
	Hypervisor Server
Storage-Komponenten inkludiert:	Ja
Setup-Kosten inkludiert:	Ja
Preis je Endgerät je Monat für:	
Hosted Shared Desktop:	14.18$
VM-based Desktop (pooled)	21.01$
VM-based Desktop (assigned)	28.34$
VM-based Desktop (high end)	29.03$

Hosted Shared Desktop: Der Nutzer hat keine Rechte auf Betriebssystem-Basis, er kann nicht booten oder Software installieren. Der Nutzer hat einen Desktop und greift über diesen auf seine Applikationen zu.

VM-based Desktop (pooled): Der Nutzer hat einen eigenen Desktop, diesen kann er booten und verändern. Der Desktop wird bei jedem Neustart aus dem Nutzerprofil, dem Applikationswarenkorb und dem Grundbetriebssystem zusammengebaut. Installierte Applikationen werden nach einem Reboot wieder verworfen.

Hosted Shared Desktop (assigned): Wie im Bereich (pooled) aber zusätzlich kann der Nutzer Applikationen installieren, die ihm dann permanent zur Verfügung stehen. Jede virtuelle Maschine ist individuell. Im high end-Bereich stehen zusätzlich noch weitere Speicher-Ressourcen zur Verfügung.

5.5.2 Applikationsmanagement

Der zweite große Bereich in Service-Schicht widmet sich dem Applikations-management. Im Rahmen der zentralen Bereitstellung von Applikationen können dabei in folgenden Bereichen Einsparpotenziale erzielt werden:

- Regressionstests im Applikationsumfeld +++
- Upgrade / Update von Applikationen +++
- Ausrollen neuer Applikationen +++
- Software Asset Management ++
- Geringere Ausfallzeiten wegen Applikationsproblemen +++

(Klassifizierung der Einsparpotenziale sh. Tabelle 10)

Die dahinter stehende Idee ist die Reduzierung der Abhängigkeiten zwischen den einzelnen Applikationen, dem Desktop-Betriebssystem und dem Endgerät. Aufwände, die aus diesen Abhängigkeiten entstehen, können mittels der Desktop-virtualisierung eingespart werden.

5.5.3 Zentraler Help Desk Support

In vielen IT-Organisationen besteht ein nicht unerheblicher Aufwand im Betrieb eines User Help Desks, der sich um die Belange der Nutzer kümmert. Durch die Reduzierung der Komplexität am Endgerät leistet die Desktopvirtualisierung einen hohen Beitrag, die Zahl der Help Desk Calls dramatisch zu reduzieren. In diesem Zusammenhang sind zwei Punkte mit anzusprechen. Zum ersten sollte eine Einschwingphase in die Betrachtung mit einbezogen werden. Dies bedeutet, dass nach einem Umsetzungsprojekt die Zahl der Help Desk Calls auf Grund der neuen Umgebung steigen wird. Erst nach der Startphase können verlässliche Momentaufnahmen durchgeführt werden. Der zweite Punkt, der mit einfließen sollte, begründet sich aus dem Ansatz eines Gesamtsupports, also Help Desk, 1st Level-, 2nd Level und Hersteller-Support. Man kann davon ausgehen, dass der Help Desk und 1st Level Support Einsparungen im Aufwand erzielen, sich der 2nd Level Support allerdings anders gestalten wird. Gerade das Zusammenspiel vielfältiger Komponenten bei der Desktopvirtualisierung bedingt eine sehr genaue Überwachung der Umgebung und das notwendige Wissen mit den Informationen eine Fehlersuche starten zu können.

5.5.4   Administratoren Reisezeiten / Reisekosten

Kundenbeispiel / Erfahrungsbericht

Wir sitzen in einem Projekt in St. Johann bei einem über Europa verteilten
Kunden, mit einzelnen Büros auch in Russland. Nachdem vor Ort in Russland
keine IT-Kräfte stationiert waren, musste der Kollege aus St Johann bei jedem
noch so kleinen Support-Einsatz seine Koffer packen und ab nach Russland.
Nicht nur, dass er uns im Projekt fehlte, vielmehr war auch das Verhältnis
zwischen Reisezeit und effektiver Fehlerbehebung nicht im Gleichgewicht und
somit überproportional teuer. Heute nutzt der Kunde Thin Clients und
Desktopvirtualisierung   in   seinen   entfernten   Standorten,   und   die
Fehlerbehebung findet aus der Zentrale statt. Sollte ein Thin Client ausfallen,
existieren Ersatzgeräte in den Standorten, die nur wieder ans Netz
angeschlossen werden müssen.

5.5.5   Vermeidung von unnötigen Softwareanpassungen

Die Entkoppelung der einzelnen IT-Komponenten (Endgerät, Desktop,
Applikationswarenkorb und Daten) in Bezug auf die Desktopvirtualisierung
befreit   auch   von   diesen   Komponenten   einhergehenden   notwendigen
Softwareentwicklungszyklen. Änderte sich in einer klassischen Umgebung
beispielsweise das Endgerät und wurde durch ein moderneres ersetzt, musste
auch die selbst entwickelte Software diesem Zyklus folgen und für neue Treiber,
Chipsätze usw. angepasst werden. Dies entfällt gänzlich im Rahmen der
Desktopvirtualisierung. Der kleinste gemeinsame Nenner ist der auf dem Endgerät
befindliche Receiver, der die virtuellen Desktops oder die Applikationen auf dem
Endgerät darstellt.

Kundenbeispiel / Erfahrungsbericht

Wir sitzen in einem Kunden-Projekt im Schwarzwald und besprechen die
Möglichkeiten, eine Vertriebsapplikation an die mobilen Endgeräte der
Vertriebsmannschaft zu liefern. Der Kunde hat 50.000€ eingestellt, um die
vorhandene Applikation „Terminal Services" fähig umschreiben zu lassen.
Eine unserer Lösungen beschrieb die Virtualisierung der Applikation mittels
Streaming in einen gekapselten Bereich des mobilen Endgerätes. Die
Applikation war somit zentral zu warten, lief in einem unabhängigen Bereich

> auf dem mobilen Gerät, auf das diese gestreamt wurde, und war sogar offline
> fähig. Ein Anpassen war nicht mehr notwendig, das Streaming konnte mit der
> schon vorhandenen Architektur erledigt werden.
>
> Ein sofort durchschlagender Einspareffekt !!

5.6   Server-Virtualisierung

Workload-Virtualisierung oder im landläufigen auch Server-Virtualisierung hat
sich über die letzten Jahre zu einer etablierten Technik entwickelt, die
Rechenzentrums-Services von der darunter liegenden Hardware entkoppelt.

Die Einsparpotenziale liegen in der Regel darin begründet, dass Services (Mail,
File, Datenbank...), die vormals durch einen eigenständigen Server erbracht
wurden jetzt in einer virtuellen Serverinstanz zur Verfügung gestellt werden.
Mehrere dieser Instanzen laufen dann auf einer höher dimensionierten Hardware.
Das funktioniert deswegen besonders gut, da ursprüngliche Server meist nur zu
einem geringen Prozentsatz ausgelastet waren und sich damit die Möglichkeit
ergab diese auf einer Hardware in virtuellen Instanzen zusammen zu fassen.

Wie viele dieser Instanzen auf einer physikalischen Hardware Platz finden hängt
dabei von verschiedenen Faktoren wie Funktion des ursprünglichen Servers wie
beispielsweise Auslastung, Speichernutzung, usw. ab.

Die zentralen Einspareffekte sind im Folgenden aufgelistet:

- Investition in neue in Server Hardware +++
- Investition in Netzwerk-Komponenten +++
- Speichernutzung ++
- Geringerer Strom und Klimaverbrauch +++
- Rechenzentrumsplatz +++
- Umzug von Servern ++
- Server Administration +

Im Internet sind viele Beispielkalkulationen zu finden, die auf die oben
angesprochenen Indikatoren referenzieren.

5.6.1   Internetbeispiel einer Kostenkalkulation:

http://www.computerwoche.de/virtualdatacenter/virtualisierung/news/1870519

Die hier vorgestellte Beispielrechnung ergibt einen Einspareffekt von ca. 35%, was
ein durchaus realistischer Wert ist. Nicht berücksichtigt wird allerdings der
Nutzungsgrad der vorhandenen Hardware. Je höher die vorhandene Hardware
genutzt wird, desto geringer werden die Einsparungen ausfallen.

Ein weiterer enormer Vorteil der Server-Virtualisierung liegt in der Nutzung der modernsten Hardware auch bei vorhandenen Applikationen, die diese Hardware noch gar nicht nutzen können. Die Nutzung erfolgt durch die Virtualisierung, die die für die Applikationen notwendigen Hardware-Ressourcen virtuelle zur Verfügung stellt und an die darunter liegende Infrastruktur effizient auslastet.

5.6.2   Server-Konsolidierung (Maintenance und Support-Verträge)

Kundenbeispiel / Erfahrungsbericht

Ein Aspekt der oben gezeigten Kalkulation sind die Support und Servicevertragskosten, die natürlich im Rahmen einer geringeren Anzahl der Server Hardware auch geringer ausfallen sollte. Doch Achtung!!

Wir sitzen mit einem großen Bankinstitut zusammen und stellen unsere Virtualisierungslösung vor. Alle sind begeistert, die Architektur und Vorgehensweise kommt gut an, wir können Einsparpotenziale aufzeigen und andiskutieren und kommen zu dem Punkt der Serviceverträge. Die Bank lässt ihre Umgebung durch einen Drittanbieter betreiben und zahlt eine Service-Gebühr. Die Verträge dazu sind gerade frisch abgeschlossen und die Gebühr ist abhängig von den eingesetzten Instanzen.

Uns beamt es fasst aus unseren Sitzen, wir fragen nochmals nach, und in der Tat lässt sich der Hoster nach eingesetzten Instanzen bezahlen. Ein geschickter Schachzug!! Hatten Sie früher 20 Server für die notwendigen Aufgaben im Rechenzentrum, sind jetzt diese 20 Server auf vier Servern virtualisiert. Sie haben also 20 Instanzen von Servern laufen und natürlich die vier physikalischen Server. Was in der Summe auf 24 Instanzen kommt. Macht vier Instanzen mehr, und leider wird damit der Servicevertrag auch etwas teurer.

5.7   Provisionierungs-Schicht

Ob ein Desktopvirtualisierungsprojekt erfolgreich wird oder nicht, hängt entscheidend von der gewählten Vorgehensweise ab. Endgeräte einfach 1:1 mittels eines Tools zu virtualisieren, für jedes Endgerät eine entsprechende Virtuelle Maschine aufzusetzen und auf diese dann mit den vorhandenen Endgeräten zuzugreifen, führt dabei eher nicht zum Ziel. Die im Feld vorhandene Komplexität und der damit verbundene Pflege- und Wartungsaufwand haben sich in diesem Fall nicht verändert. Bei einer identischen Abbildung der externen Infrastruktur im Rechenzentrum entsteht dort jetzt für die virtuelle Infrastruktur ein gleichermaßen hoher Pflege und Wartungsaufwand. Die Lösung dieser Herausforderung liegt in der Provisionierung, dies bedeutet, dass die Virtuellen Maschinen mehr oder minder nur aus einer Hülle bestehen und zum Zeitpunkt des Startens aus einem Image (vDisk), welches für eine Klasse von Nutzern identisch ist gebootet werden. Während dieses Vorgangs werden die individuellen Profileinstellungen geladen, sowie der für den Nutzer frei geschaltete Applikationswarenkorb zur Verfügung gestellt. In der virtuellen Maschine selbst sind vor dem Startzeitpunkt kein Betriebssystem und auch keine Applikationen installiert.

5.7.1   Speichernutzung

Das oben beschriebene Szenario hat sehr große Auswirkungen auf den Festplatten-Speicherbedarf. Vergleicht man eine Vollinstallation in die virtuellen Maschinen mit der Provisionierung ergibt sich ein Einsparpotenzial im Verhältnis der Anzahl der Virtuellen Maschinen zu der Anzahl der notwendigen vDisks (virtuellen Festplatten) plus den notwendigen Plattenplatz für die Applikationsfarm.

Beispielrechnung:

Anzahl der virtuellen Maschinen:	1500
Anzahl der Nutzergruppe:	9
Speicherbedarf der vDisk:	35 GB
Speicherbedarf des Applikationswarenkorbes:	350 Applikationen ca. 85 GB
Speicherbedarf des Betriebssystems:	16 GB
Speicherbedarf der Applikationsfarm:	2500 GB

Vollinstallation: 1500 VMs * (85GB + 16GB) = 151.5 TB

Provisionierung: Nutzergruppen 9 * 35 GB + 2.5 TB = 2.8 TB

5.7.2   "Single Image"-Ansatz

In diesem Punkt schließt sich der Kreis zu den am Anfang des vStacks beschriebenen Notwendigkeit der Definition der Nutzergruppen. Hat man diese Gruppen definiert, kann man ihnen einen Applikationswarenkorb zuordnen. Diesen Warenkorb bildet man mittels einer vDisk (Single Image) ab, so dass der Bedarf der Images in der Regel der Anzahl der Nutzergruppen folgt. Zu unterscheiden sind hier im Bereich der „VM-based Virtual Desktops" die sog. pooled Desktops, für die obiges Verhältnis berechnet ist, und die sog. dedicated oder assigned Virtual Desktops, die einem Benutzer individuell zur Verfügung stehen. Je mehr individuelle Nutzer abgebildet werden müssen, desto mehr individuelle Images werden benötigt und desto geringer ist der Einspareffekt im Single Image-Bereich.

6   TCO/ROI-Businessnutzen

Eingedenk der allgemeinen Faktoren, welche im Rahmen der Virtualisierung zu Einsparungen führen können, ist es doch enorm wichtig, diese allgemeinen Faktoren in reale, im Kundenumfeld zu realisierende Einspareffekte zu überführen. Genau dies wird im kommenden Kapitel besprochen. Dabei wird im ersten Ansatz der Weg mittels verschiedener Tools und deren Berechnungsmethoden erläutert, im weiteren Kapitel wird Virtualisierung als Service definiert und im Zuge einer Preisfindung des Service in eine Wirtschaftlichkeitsbetrachtung überführt. Beide Varianten haben ihre Berechtigung in der Unterschiedlichkeit der Betrachtungstiefe. Während man mittels Tools einen ersten Blick auf die Wirtschaftlichkeit erarbeiten kann, lässt sich mittels der Serviceorientierung die IT-Organisation als Profit Center definieren und strukturieren. Kapitel 7 vermittelt den Tool-orientierten Ansatz.

6.1   Motivation zur Wirtschaftlichkeitsbetrachtung

Eine Wirtschaftlichkeitsbetrachtung im Umfeld der End-2-End-Virtualisierung vergleicht eine bestehende Infrastruktur mit einer zukünftigen. Die Problematik dabei ist, dass man nicht nur auf Preise vorhandener Investitionsgüter verweist, sondern insbesondere auch die Businessprozesse mit einbezieht bzw. natürlich auf jeden Fall einbeziehen sollte. Aus diesem Grund lebt die Betrachtung von diversen Annahmen, die gemeinsam getroffen werden. Viele Annahmen bergen allerdings die Gefahr, in vielfältiger Weise interpretiert werden zu können, so ist es von Beginn einer Wirtschaftlichkeitsbetrachtung an enorm wichtig, sich der Motivation dieser Betrachtung genau bewusst zu werden.

Wird die Analyse genutzt um festzustellen, ob es sich neben den vielen funktionalen Aspekten auch finanziell lohnt, in die neue Technologie einzusteigen? Benötigen vielleicht sogar alle neuen Projekte den Nachweis eines „Return on Investment" (ROI) innerhalb einer bestimmten Zeitspanne und sind Einspareffekte im Rahmen eines bestimmten Prozentsatzes zu realisieren?

Das nachfolgende Kundenbeispiel zeigt allerdings auch, dass andere Motivatoren eine große Rolle spielen können die sehr oft individuellem Ideenreichtum entspringen und weder für das Unternehmen noch für die durchzuführende Partei zielgerichtet sind.

Kundenbeispiel / Erfahrungsbericht

Voller Enthusiasmus sitzen wir beim Kunden bereit, unsere Methodik zur Errechnung der realisierbaren Einspareffekte vorzustellen und nach Möglichkeit auch einzusetzen, schallt uns vom Leiter des Rechenzentrums freudig entgegen, dass in seinem Bereich ein Endgerät je Nutzer je Monat nur 23 EUR kostet. Verdutzt ob der Tatsache, dass wir noch nie bei einem Kunden von einem derartigen niedrigen Preis gehört haben, blicken wir uns an und lauschen weiter. Sämtliche Paketierung sei nach Südostasien ausgelagert, die Struktur ist auf reiner Softwareverteilung ausgerichtet und beim letzten Einspielen eines Patches hatten sie nur 3 Help Desk Calls bei 80.000 Endgeräten und dies sei wohl Spitze. Mit großem Respekt verließen wir den Kunden, die Frage im Kopf kreisen, warum denn nicht alle Unternehmen genau diese IT-Infrastruktur nutzen. Die Antwort auf diese Frage ließ nicht lange auf sich warten, denn im nächsten Meeting mit dem „Strategic Head of Infrastructure" des Unternehmens wurden wir ein wenig aufgeklärt. Ja der Preis war schon sehr niedrig, allerdings nur im Musterwerk, eines von 29 Werken, in denen die Kosten um ein Vielfaches höher lagen. Help Desk Calls aus den anderen Werken gab es wirklich nicht, denn dort konnte der Patch gar nicht eingespielt werden, da die Endgeräte nicht wie angedacht vorbereitet waren. Ein sehr ernüchterndes, aber auch lehrreiches Gespräch ging zu Ende.

6.2   Herausforderungen

Neben der Motivation für eine TCO/ROI-Analyse respektive einer Wirtschaftlichkeitsbetrachtung sind zu Beginn die Erwartungshaltungen abzuklären. Dies gilt zwar für alle Projekte, insbesondere aber in dem Fall, in dem Finanzen mit im Spiel sind und diese durch einen Dritten überprüft bzw. eingeschätzt werden. Somit sollte der Grundsatz Anwendung finden, dass...

...zur Berechnung herangezogene Werte sind Zahlen des

- Kunden oder nur
- aus allgemeinen seriösen Quellen

des Weiteren gilt, dass alle Annahmen gemeinsam getroffen werden.

Wird dies berücksichtigt, ist die Wirtschaftlichkeitsbetrachtung lösungsorientiert und ein wichtiges Entscheidungsinstrument. Wird dies nicht oder nur wohlwollend betrachtet, lässt man den allgemeinen Klischees einer solchen Betrachtung freien Raum. Insbesondere die Aussage, man könne sich alles schön rechnen, wird dann vielfältig zu finden sein. Ist man also schon zu Beginn dazu geneigt, sich Unzulänglichkeiten hingeben zu wollen, sollte man mit einer Wirtschaftlichkeitsbetrachtung erst gar nicht anfangen!!

Neben diesen allgemeinen Richtlinien ist zu beachten, ob der Ansatz und die Methodik überhaupt in der Lage sind, zu einem Ergebnis zu führen. Sehr oft ist es in den Unternehmen schwer, geeignetes Zahlenmaterial zu recherchieren oder aber die aus der Methode angewendeten Indikatoren sind nicht deckungsgleich mit den im Unternehmen definierten Messkriterien. Nichts ist schlimmer, als sich am Ende einer Wirtschaftlichkeitsbetrachtung eingestehen zu müssen, die Anwendbarkeit der Methode nicht geprüft zu haben.

Passen die zu untersuchenden Indikatoren, muss festgestellt werden, ob die notwendigen Zahlenwerte oder Einschätzungen im Unternehmen beschafft werden können. Die hier vorgestellte Methode fragt nach dem innerhalb eines IT-Prozesses im Rechenzentrum notwendigen Aufwand.

6.3   Tools

Tools im Umfeld der Wirtschaftlichkeitsbetrachtung lassen sich in zwei Bereiche einteilen, in Web-basierte Online Tools und Software-basierte Kalkulatoren. In der Regel ist die zweite Kategorie weitaus mächtiger, da auf Individualitäten des Kunden eingegangen werden kann. Online Tools ergeben meist einen ersten Eindruck, in welchen Bereichen Einsparungen erzielt werden können, und einen ungefähren Eindruck der Größenordnung. Die große Schwäche der Online Tools ist die Tatsache, dass dort nicht auf Bedürfnisse des Kunden eingegangen wird. Insbesondere wird meist mit Mittelwerten gerechnet und damit die Varianz des Kunden außer Acht gelassen. Damit kann abschließend nicht beurteilt werden, ob das errechnete Einsparpotenzial des Online Tools auch nur in Ansätzen für eine Beurteilung genutzt werden kann.

Beispielberechnung eines Internet Tools:

http://www.citrixinformation.com/xendesktop-roi

Vielen Dank für die Nutzung des Desktop-Virtualisierung ROI-Kalkulators.

Hier ist Ihre ROI-Analyse, basierend auf den Daten, die Sie uns im Online ROI-Rechner zur Verfügung gestellt haben.

Wir verwenden ausschließlich Industrie-Standard-Daten, um eine Basis für den Vergleich der heutigen und einer zukünftigen Umgebung abzuschätzen.

Natürlich ist die eigene Situation einzigartig und Ihre tatsächlichen Einsparungen können etwas höher oder niedriger sein.

Ihre Eingaben:

Anzahl der vorhandenen PC-Nutzer: 2500

Anzahl der PC-Nutzer, die auf Desktop-Virtualisierung umsteigen: 500

PC Lifecycle: 3 Jahre

Anzahl der genutzen Applikationen (gesamt):   350

Übersicht über die vorgeschlagene Lösung:
Vorgeschlagener Mix der FlexCast™ Delivery-Technologie

[70%] Hosted VM-based Desktops (VDI):   350

[20%] Local Streamed Desktops: 100

[10%] Hosted Shared Desktops: 50

Ihr berechneter ROI (Return on Invest)

Kosten der PC-Beschaffung und Support: „Status Quo": $ 5,567,500

TCO (Total Cost of Ownership) -Benefits bei 5 Jahres Betrachtung:

- Desktop Administration „Status Quo": $ 551,125

Applikations Administration für virtuelle und physikalische PCs $ 557,500

Unterschied in der Kostenbetrachtung $ -17,201

Lizenzkosten und Supportkosten (TCO) mit XenDesktop $ 4,476,076

Einsparungen: $ 1,091,425

Geschätzer ROI: 161%

Geschätzer Amortisationszeitrahmen: 10 Monate

Ihr Citrix Team

Hinweis: Die Berechnungen basieren auf einer großen Anzahl von Annahmen, von denen einige in der Folge dargestellt sind. Wenden Sie sich bitte an Ihren Citrix Solutions Advisor für eine vollständig personalisierte ROI-Analyse.

Auszug der Annahmen:

Kosten einen traditionellen PC zu ersetzen = US$800

In der jeweiligen FlexCast™-Lösung werden die vorhandnen PCs wie folgt genutzt:

VM-basierte Desktops und Hosted Shared Desktops:

90% der PC's werden als Endgeräte belassen

10% der PC's werden durch Thin Clients ersetzt

Local Streamed Desktops:

66% der PC's werden als Endgeräte belassen

33% der PC's werden durch Thin Clients ersetzt

Rechtlicher Hinweis:

In dem nach geltendem Recht zulässigen Umfang wird dieses Tool ohne jegliche Gewährleistung zur Verfügung gestellt, d.h. weder mit ausdrücklicher noch mit impliziter, dies schließt auch ein, dass weder Gewähr für Marktgängigkeit, noch für die Eignung für einen bestimmten Zweck übernommen wird, noch dass keine Rechte Dritter verletzt werden.

Citrix Systems, Inc. und ihre Tochtergesellschaften ("Citrix"), haften nicht für in dem Tool enthaltene Fehler oder Auslassungen oder für die durch das Tool verursachten Fehler oder Auslassungen, weder für direkte noch zufällige Schäden, noch für Folgeschäden oder sonstige Schäden, die aus der Bereitstellung, Leistung oder Verwendung dieses Tools resultieren, auch wenn Citrix auf die Möglichkeit solcher Schäden im Vorfeld hingewiesen wurde. Die in dem Tool verwendeten angenommenen Preise, beruhen auf allgemein verfügbaren Preisen, welche von Zeit zu Zeit mittels Umfragen bei Vertragshändlern zusammengestellt werden. Citrix steuert nicht die Preise, Rabatte oder Zahlungsziele ihrer Distributoren oder Wiederverkäufer. Die hierin erwähnten Produktnamen können Marken und / oder eingetragene Warenzeichen der jeweiligen Firmen sein.

Aussagekräftiger sind die auf Software basierenden Kalkulatoren. Bei der Nutzung dieser Berechnungshelfer kann oft sehr detailliert auf die Parameter des Kunden eingegangen werden. Ein Nachteil kann dabei sein, dass die Recherche sehr komplex werden kann. Hinter dem in diesem Skript referenzierten Alinean Tool stehen beispielsweise mehr als 500 Key Performance-Indikatoren (KPIs), die meistens auch noch über den Zeitraum der Betrachtung aufgespannt werden können. Die in diesem Skript gezeigten Berechnungen basieren auf einer für den Kunden erweiterten und angepassten Alinean-Methodik. Das Tool wird dabei als Grundlage eingesetzt und um spezifische Strukturen des Kunden erweitert. Weitere Informationen zu Alinean: http://www.alienan.com

6.3.1 Methodik der Evaluierung nach Alinean

Nutzt man zur Berechnung der „Total Costs of Ownership" TCO und des „Return on Investment" ROI einer Wirtschaftlichkeitsbetrachtung das Alinean ROI Tool, kann man auf eine große Menge an strukturierten Daten zurückgreifen. Alinean sammelt von weltweit mehr als 20.000 Unternehmen Informationen und sortiert diese nach Märkten und Regionen. Gepaart mit der Definition der Key Performance-Indikatoren für die zu betrachtende Infrastruktur ergeben sich die verschiedenen Ausprägungen, die als Grundlage zur Berechnung genutzt werden können.

Für die Desktopvirtualisierung reflektiert Alinean beispielsweise auf die IT-Prozesse:

- **Technical Support**
  - o Frontline tech support
  - o Backline tech support

- **PC Engineering**
  - o Moves, adds, changes, deletions
  - o Patching OS, re-imaging systems, resolving corruptions
  - o Configure/upgrade/repair hardware
  - o Data recovery, archiving, purging, restructuring, backup
  - o Security and compliance management

- **Application Administration**
  - o Application Management
  - o Regression/compatibility testing
  - o Application rollout, provisioning
  - o Updates, maintenance, training
  - o Performance and availability management

- **IT Planning and System Management**
  - o Desktop product research and procurement
  - o Desktop management (procurement and administration)
  - o Product testing costs

- **Standard Utilities and Office Applications**
  - o End point security/AV/anti-spyware/remediation
  - o Email, word processing, spreadsheet
  - o Access security/VPN/authentication/content filtering

- **Custom Applications**
  - o Application development, testing, integration, migration
  - o Data management, data architecture, file management

Neben den IT-Prozessen werden auch die Parameter mit in die Kalkulation einbezogen, die für den Aufbau und die Effizienz der Virtualisierungsarchitektur ausschlaggebend sind.

- Anzahl der Nutzer je Server
- Anzahl der virtuellen Maschinen (VMs) je Core
- Benötigter Speicher je VM
- Gleichzeitige Nutzung im Bezug zur Gesamtnutzeranzahl

Als weitere Komponenten werden ebenfalls organisatorische Parameter des Kunden mit in die Betrachtung einbezogen; dies können beispielsweise die Verteilung der Organisation oder auch die Anzahl der im Unternehmen genutzten Applikationen sein. Weiterhin die Anzahl der auszubildenden Administratoren und die notwendigen Projektkosten zur Umsetzung der zukünftigen Architektur.

Die angestrebte zukünftige Endgeräte-Struktur und Verteilung rundet das Bild des Kunden ab und geht im Rahmen der Investitionen über den Betrachtungszeitraum in die Berechnung mit ein.

Während insbesondere die Anzahl der benötigten Server, sowie die notwendige Software als auch der Projektaufwand der Umsetzung bereits im Vorfeld mit einer zufriedenstellenden Genauigkeit ermittelt werden kann, ist dies bei den in Zukunft auftretenden operativen Kosten ein schwieriges Unterfangen.

Zur Berechung der Einsparpotenziale im operativen Bereich nutzt Alinean die recherchierten Mittelwerte der operativen Kosten. Damit ergeben sich in einer Berechnung die mittleren Einsparungen des jeweiligen Prozesses.

Aus den gesammelten Daten der oben genannten 20.000 Unternehmen wird eine Kostenstruktur für eine klassische Architektur ermittelt. Dieser Kostenstruktur wird dann einer Berechnung der Kosten für eine zukünftige virtuelle Umgebung gegenüber gestellt. Auch dieses Ergebnis errechnet sich aus den gesammelten Daten, nur dass in diesem Fall Daten aus schon virtualisierten Umgebungen herangezogen werden. Für beide Umgebungen werden die durchschnittlichen Kosten miteinander verglichen. Der Unterschied beider Kostenstrukturen ergibt ein mittleres Einsparpotenzial des entsprechenden Prozesses.

Die folgende Grafik zeigt die mittleren Einsparpotenziale der oben definierten Betriebsprozesse aus dem Vergleich der verschiedenen Infrastrukturen. Eine zentralisierte und virtualisierte Infrastruktur zeigt dabei in manchen Bereichen enorme Potenziale auf:

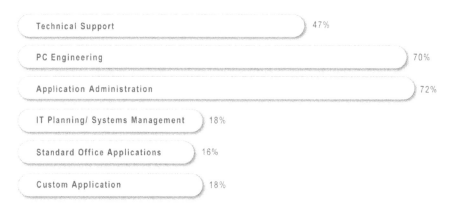

Abbildung 14: Einsparpotentiale

Das größte Einsparpotenzial wird im Bereich des Applikations- und Betriebssystem-Managements erreicht. Dies ist nicht verwunderlich, da in vielen Unternehmen mit dezentral organisierten Applikationen und Betriebssystemen ein enormer Aufwand allein im Bereich des Testens neuer Applikationen oder der Einführung neuer Patches entsteht. Auch die Einführung eines neuen Betriebssystems kommt in vielen Unternehmen einer Mammutaufgabe gleich.

Hier kann die Nutzung von Desktop und Applikationsvirtualisierung große Potenziale zu Tage fördern.

6.3.2   Grenzen der Alinean-Methodik

Um die Wirtschaftlichkeitsbetrachtung im Rahmen der Alinean-Methode für die spezielle Kundenanforderung zuzuschneiden, muss sie um zwei Bereiche erweitert werden. Zum einen ist die Auswahl der Prozesse auf den Markt und den Kunden anzupassen, zum Anderen ist eine definierte Kostenstruktur des Kunden für die Bewertung der Einsparpotenziale zu Grunde zu legen. Diese Kostenstruktur kann dann mit den Mittelwerten verglichen werden, um einen ersten Benchmark zu bekommen.

Der Vergleich kann dabei zwei verschiedene Ergebnisse zum Vorschein bringen, zum einen kann die vorhandene Kostenstruktur weitaus geringer ausfallen als der von Alinean aufgezeigte Mittelwert. In diesem Fall ist die Umgebung des Kunden schon jetzt sehr effizient gestaltet und die Erreichung der aufgezeigten Einsparpotenziale stark einzuschränken und sehr genau zu betrachten.

Im anderen Fall liegen die operativen Kosten des Kunden ähnlich gelagert oder höher als die aufgezeigten Mittelwerte. In diesem Fall kann davon ausgegangen werden, dass die dargestellten Einsparpotenziale mit einer sehr hohen Wahrscheinlichkeit realisiert werden können.

Erst der Vergleich der Kostenstruktur des Kunden mit den gesammelten Mittelwerten der verschiedenen Unternehmen der gleichen Region und des identischen Marktsegmentes liefert eine Einschätzung, in wie weit die aus der Methodik errechneten Potenziale zu bewerten sind.

Im Folgenden wird dabei eine in vielen Projekten angewandte Methodik, basierend auf der Alinean-Berechnung gezeigt, die diese beiden Aspekte mit in die Betrachtung einbindet.

6.4   Methodik der TCO/ROI-Berechnung

Bevor näher auf die Projektumsetzung basierend auf der Alinean-Methodik eingegangen wird, sind noch einige Begrifflichkeiten zu klären und zu definieren: In der Regel geht es bei der Betrachtung der Wirtschaftlichkeit um drei Bereiche. Das Erarbeiten einer Kostenaufstellung für die zukünftige Architektur, dabei werden Investitionskosten und Betriebskosten zu den Gesamtkosten addiert. Die Gesamtkosten nennen sich auch Total Cost of Ownership (TCO). Die Investitionskosten werden dabei über einen Nutzungszeitraum aufgeteilt, in der Regel über den Abschreibungs- oder Abnutzungszeitraum. Die Einführung einer neuen Architektur soll mit einer effizienteren Nutzung dieser neuen Investitionen (im Gegensatz zur mehr Ressourcen-verbrauchenden bestehenden Infrastruktur) einhergehen, damit können bei neuer Anschaffung vielfältig Einsparpotenziale erzielt werden. Des Weiteren wird davon ausgegangen, dass der Betrieb einer neuen Architektur mit weniger Mitteln durchgeführt werden kann. Aus diesen beiden Ansätzen ergeben sich Einsparungen gegenüber einer klassischen Architektur. Rechnet man diese Einsparungen einer möglicherweise notwendigen Investition entgegen, ergibt sich eine Zeitspanne, in der die Investitionen von den Einsparungen ausgeglichen werden. Diese Zeitpanne nennt sich Return on Investment, also die Anzahl der Monate, die notwendig ist, um die Investitionen wieder eingespielt zu haben (ROI). Die betriebswirtschaftliche Betrachtung geht dabei von Gewinn aus, der aufgerechnet wird, in der IT werden für diesen Gewinn die Einsparungen herangezogen.

Neben diesen beiden Kenngrößen TCO und ROI spielen im Rahmen der Wirtschaftlichkeitsbetrachtung auch noch andere Kostenklassen eine Rolle, die hier kurz definiert werden.

Definition Begrifflichkeiten TCO / ROI:

Tabelle 13: Begriffsdefinition TCO / ROI

Begriff	Definition
Investitionskosten (CapEx – Capital Expenditure)	Als Investitionskosten werden die bei einer Anschaffung getätigten Ausgaben bezeichnet. (Infrastrukturhardware, Lizenzen, Projektkosten, etc.)
Betriebskosten (OpEx - Operational Expenditure)	Mit Betriebskosten sind die Ausgaben eines Unternehmens gemeint, die einen operativen Geschäftsbetrieb gewährleisten. (Desktop als Service, Softwarepflege, etc.)
Total Cost of Ownership (TCO)	Ein Kostenberechnungsverfahren, welches nicht nur die Anschaffungskosten, sondern alle Aspekte der späteren Nutzung (Energiekosten, Reparatur und Wartung...) der betreffenden IT-Komponenten in Betracht zieht.
Return on Investment (ROI)	Der Begriff ROI bezeichnet ein Modell zur Messung der Rendite des eingesetzten Kapitals innerhalb eines bestimmten Zeitraumes.
Indirekte Kosten (Nicht Budget-relevante Kosten)	Indirekte Kosten entstehen nicht aufgrund der Anschaffung oder der Gewährleistung des Betriebes von Investitionsgütern, sondern in Folge unproduktiver Nutzung durch den Endanwender. Dabei handelt es sich meist um Prozesse, Vorgänge oder Situationen, welche den Endanwender in seiner Produktivität hemmen.
Direkte Kosten (Budgetrelevante Kosten)	Direkte Kosten fallen typischerweise bei der Beschaffung und Betreuung von IT-Vermögensgegenständen an.

6.5   Individuelle Beratung

Kalkulatorisch können die in den vorherigen Kapiteln dargestellten Einsparpotenziale in drei große Bereiche gegliedert werden. Zum einen in die Auswahl einer möglichst effizienten Infrastruktur. Dabei wird für jede Nutzergruppe die entsprechende Virtualisierungslösung nach deren Anforderungen zugewiesen. Dies erfordert neben der Aufnahme der

Anforderungen der technischen Architekten auch die Erstellung einer ersten Virtualisierungs-Architektur.

Der zweite Aspekt ist die beim Kunden vorherrschende Kostenstruktur im Bereich des Betriebs der Infrastruktur. Insbesondere sind hier alle Aufgaben zu beachten, die rund um das zur Verfügungstellen der Endgeräte anfallen. Die Aufgabenstellung per se ändert sich bei der Einführung der Desktopvirtualisierung nur minimal gegenüber einer klassischen Bereitstellung von PCs. Der Aufwand innerhalb dieser Aufgabenstellungen kann sich aber enorm reduzieren.

Der dritte Aspekt, der kalkulatorisch sehr genau in eine Betrachtung einbezogen werden kann, ist die jetzige und zukünftige Endgerätelandschaft. Je mehr sich in Richtung „Thin Client"-Endgerät ausgerichtet wird, desto höhere Einsparungen können realisiert werden. Dabei müssen aber natürlich die zugrunde liegenden Anforderungen beachtet werden.

Neben diesen Bereichen finden auch noch technische Aspekte wie die Anzahl der Nutzer je Server, bzw. die Anzahl der virtuellen Maschinen je Core, sowie der notwendige Speicherbedarf und die Einkaufspreise der Infrastruktur Einzug in die Berechnung.

Die oben angeführten Parameter werden mittels eines Workshops zusammen mit dem Kunden recherchiert und in die Berechnung eingegeben.

6.6   Consulting-Vorgehensweise der TCO/ROI-Berechnung

Vorgespräch: (Im Rahmen einer Telefon/Video Konferenz)
(Vielleicht Verweis auf GoToMeeting als Tool)

- Vorstellen der Methodik
- Positionierung der Hilfsmittel und Deliverables
- Klären der Erwartungshaltung aller Beteiligten
- Festlegen der nächsten Schritte und des Projektleiters beim Kunden

Kick-Off Meeting: (Im Rahmen einer Telefon/Video Konferenz)

- Erläutern der Interviewphase
- Durchsprechen des Leitfadens und der entsprechenden Fragen
- Definieren der fachlichen Ansprechpartner beim Kunden
- Festlegen der Termine

Onsite Architekten-Workshop

- Diskussion der Kundenanforderungen

- Diskussion der Nutzersegmentierung
- Erstellen einer ansatzweise ersten IT-Architektur des Kunden
- Festlegen der Investitions-Parameter für die Kalkulation

Onsite Business Workshop

- Durcharbeiten des Leitfadens
- Sammeln der Kerndaten und Indikatoren
- Definieren der Annahmen und Nutzdaten für die Berechnung

Alinean-Kalkulation

- Nutzen der Alinean-Berechnung und Evaluierungsmethode
- Nachbessern diverser Annahmen nach Kundenrücksprache
- Zusammenfassung der Ergebnisse und Erstellung des Reports

Präsentation der Ergebnisse und Festlegung der nächsten Schritte

6.7   Beispielrechnung eines Kunden

In Kapitel 9 wird eine Kundenarchitektur detailliert beschrieben, für die im Vorfeld auch eine Wirtschaftlichkeitsbetrachtung durchgeführt wurde. Die Ergebnisse dieser Betrachtung werden im Folgenden beispielhaft vorgestellt.

Die Eckdaten der IT–Umgebung des Kunden waren wie folgt:

- ca. 35.000 Arbeitsplätze
- ca. 50.000 Benutzer (davon ca. 2.500 Telearbeiter)
- über 400 Standorte europaweit (primär in Deutschland)
- weit über 100 Anwendungen
- Dezentrale Architektur mit Serversystemen an jedem Standort
- Verteilte Datenhaltung & -sicherung
- IT-Personal an jedem größeren Standort (ca. 200 interne, 60 externe MA)

Auch für deutlich kleinere Umgebungen ist eine derartige Vorgehensweise sinnvoll, in der Regel lohnt es sich, bei einer Größenordnung von ca. 800 bis 1000 Endgeräten in die Wirtschaftlichkeitsbetrachtung einzusteigen. Je überschaubarer die Umgebungen allerdings werden, desto weniger ergibt die effiziente Gestaltung des Betriebs direkte Einsparungen, sondern findet sich in der Entlastung des IT-

Personals, Abbau von Überstunden und der Vermeidung von Wochenendarbeit wieder.

Eine erste Einteilung der 50.000 Nutzer in einer Kombination mit einer Applikationsanalyse ergab, dass die Anforderungen von ca. 77% der Nutzer mit einem „Shared Desktop" abgewickelt werden können. Ca. 14% der Nutzer benötigen eine auf einer virtuellen Maschine basierenden „Hosted Desktop", den sie nicht verändern müssen, somit kann dort ein Pool an Desktops zur Nutzung aufgebaut werden. Ca. 9% der Nutzer benötigen einen eigens auf sich zugeschnittenen, auf einer virtuellen Maschine basierenden Desktop „Hosted VM-based Desktop dedicated".

Mengengerüst und Nutzerseparation

In die Berechnung und erste Dimensionierung der Top Level-Architektur sind folgende Werte eingeflossen. Die Berechnung basiert auf den Arbeitsplätzen, da sich mehrere Nutzer einen Arbeitsplatz im Schichtbetrieb teilen. Somit muss die Architektur nicht gleichzeitig für alle 50.000 Nutzer zur Verfügung gestellt werden sondern lediglich für 35.000 Benutzer. Im Rahmen des späteren Feinkonzeptes kann hier eine Justierung vorgenommen werden. Die weitere Beschreibung und Analyse der Nutzerverhalten und Applikationsanforderungen hat ergeben, dass ca. 77% der Desktops mittels „Shared Desktops" zur Verfügung gestellt werden können, 14% der Anforderungen über allgemeine „VM-based Desktops" erfüllt werden können und 9% der Nutzer einen zugewiesenen individuellen „VM-based Desktop" benötigen.

Die numerische, in die Kalkulation eingeflossene Aufteilung ergibt sich dabei wie folgt:

Tabelle 14: Aufteilung der Desktops

Desktoptyp	Anzahl der Desktops
Hosted VM-based Desktops pooled	4.800
Hosted VM-based Desktops dedicated	3.200
Hosted shared Desktops	26.600

Die prozentuale Verteilung ergibt sich dabei wie folgt:

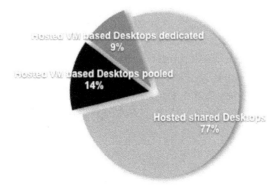

Abbildung 15: Virtual Desktop-Lösungsset

Der nächste Schritt in der Kalkulation ist die Erstellung einer ersten Architektur, die die Anforderungen abdeckt und einen ersten Einblick in die Hardware-Investition ermöglicht. Die Aufstellung einer solchen Architektur ist insbesondere in dieser noch frühen Phase des Projektes sehr schwierig, da mögliche Feinheiten und Sondereinflüsse noch nicht einbezogen werden können. Nichtsdestotrotz ist eine Erstellung notwendig, um bereits hier eine Investitionsrechnung aufzustellen. Folgende geschätzte Parameter gehen dabei in die Kalkulation ein. (Im Laufe des Projektes können in den entsprechenden Vorstudien diese Parameter immer wieder verfeinert werden, was dann auch die Investitionsplanung immer granularer werden lässt.

Anzahl der virtuellen Maschinen je Core:	8
Anzahl der Nutzer je 64bit Maschine:	125
Speicherbedarf je Virtueller Maschine in GB:	8,5
Kalkulierte Projektkosten in % der Investition:	10%

Die Preisberechnung der Infrastruktur erfolgt auf Basis der Listenpreise für Server und Hardware. Bei der hier betrachteten Größenordnung ist allein in diesem Investitionsbereich mit geringeren Preisen für Hardware und Software von bis zu 35% zu rechnen, was sich natürlich sehr positiv auf die Gesamtbetrachtung auswirkt.

Eine allgemeine erste Top Level - Architektur, die zur Berechnung herangezogen wird, ergibt sich wie folgt aus den Komponenten:

Endgeräte, Server für die Installation der „Hosted Shared Desktop" - Umgebung, Infrastruktur zur Virtualisierung der „VM - Based Desktops" und Komponenten zur Provisionierung der Infrastruktur, sowie der notwendige Speicher Bedarf im SAN (Storage Area Network)

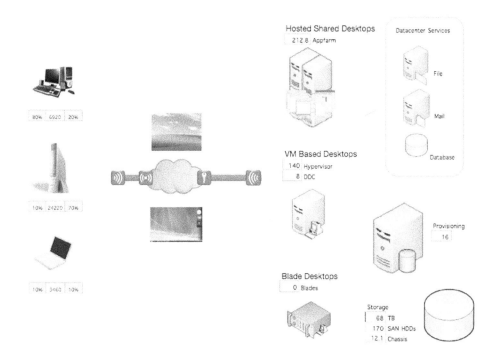

Abbildung 16: Dashboard

Die hier errechneten Mengen ergeben zusammen mit der Preissetzung der Hersteller einen ersten Investitionsplan für die Infrastruktur.

Die folgende Tabelle zeigt einen ersten Top Level Investitionsplan für die aufzubauende Architektur.

Tabelle 15: Investitionsplan

Top Level Invetsment Plan (Hardware Options)	Flexcast Solution
Power Edge R710 8 Cores 2 * Intel® Xeon® X5570, 2.93Ghz, 8M Cache,Turbo, HT, 1333MHz 48GB / 96GB Memory (12x4GB), 1066MHz Dual Ranked RDIMMs Windows Server® 2008, Enterprise Edition, Incl 25 CALs Windows Server® 2008, Standard Edition, Includes 5 CALs 160GB 7.2K RPM SATA 3.5" Hot Plug Hard Drive 3x Broadcom 5709 Dual Port 1GbE NIC w/TOE PCIe-4 Emulex LPE 12002 Dual Channel 8Gb, Host Bus Adapter, PCIe	
XenDesktop client license	$7,135,800
XenDesktop delivery controller hardware	$45,384
XenDesktop delivery controller OS	$4,491
Delivery controller setup costs	$3,992
Microsoft VECD License (1st year)	$880,000
Desktop provisioning servers hardware	$90,768
Desktop provisioning server OS	$7,984
Desktop provisioning servers set up costs	$7,984
AppFarm server hardware costs	$2,069,928
AppFarm server setup costs	$107,784
AppFarm Server OS costs	$582,984
Microsoft RDS	$1,323,000
Hypervisor server hardware	$1,332,636
Hypervisor server setup costs	$69,392

Storage Costs	$216,143
Project Consulting Costs	$1,387,827
Hardware & Setup & Consulting	
Total Costs Virtual Workplace	**$15,266,097**

In dieser Investitionsübersicht sind die notwendigen Endgeräte noch nicht berücksichtigt. Hier können sich zusätzliche Effekte ergeben, wenn in wartungsarme und preislich attraktivere Endgeräte wie beispielsweise Thin Clients investiert wird. In diesem Kundenprojekt wurde verstärkt auf eine zukünftige Thin Client-Nutzung gesetzt.

Neben den Investitionen in Infrastrukturkomponenten sind auch die Kosten für den Betrieb der Umgebung zu betrachten. Besonders im Bereich der Desktopvirtualisierung ergeben sich hier durchaus enorme Einspareffekte. Die Herausforderung in der Betrachtung liegt dabei in dem Umstand begründet, dass detaillierte Betriebskosten sehr oft nicht zur Verfügung gestellt werden können. Daher muss man in der Methodik der hier vorgestellten Wirtschaftlichkeitsbetrachtung auf eine andere Betrachtungsweise und die damit verbundene Kostenkalkulation zurückgreifen. Zuerst ist für den zu erbringenden Service der zur Verfügung zu stellenden Desktops der entsprechende Prozess zu definieren. (Im folgenden Kapitel werden die Tätigkeiten detailliert beschrieben) Danach können die Mitarbeiter der IT-Organisation des Kunden den einzelnen Prozessen (Tätigkeiten) zugeordnet werden. Damit ergibt sich ein erstes Mengengerüst der Personen zu Betriebsprozessen. In der hier durchgeführten Kalkulation ergab sich:

Int	Ext	Prozess
20	0	Basisservice-Infrastruktur
50	15	Basisservice-Endgeräte
75	25	Support Services
50	20	IMAC Prozess-Erweiterung
5	0	Endgerätinitialisierung
200	60	135 "Endgeräte per IT MA"

Mit Hilfe dieser Einschätzung lassen sich augenblickliche Kosten des Betriebs der jetzigen Infrastruktur annehmen. Dabei findet die Einschätzung der FTE (Full time Equivalent)-Arbeitsplatzkosten von 85.000$ pro Jahr Anwendung. Aus den Mittelwertschätzungen bzw. Kalkulationen anderer Projekte lassen sich in den dargestellten Prozessen mögliche Einsparpotenziale im Betrieb extrapolieren. Unter Berücksichtigung der Investition in wartungsärmere und günstigere Endgeräte, den Aufbau einer effizienten Virtualisierungsinfrastruktur und die Nutzung der Einspareffekte im operationellen Bereich wurde in diesem Kundenbeispiel ein Einsparpotenzial von ca. 18% über drei Jahre prognostiziert.

3 Jahresüberblick Desktopvirtualisierung

Virtuelle Desktops total	$77,007,072
Bisherige Desktop Lösung total	$93,904,500
Einsparung	17,99%
Return on Invest (ROI)	14.0 Monate

Abbildung 17: Einsparpotential

Nicht berücksichtigt wurden hier die möglichen Effekte in einer günstigeren Preisgestaltung der Hersteller. Gehen wir allein von 20% Preisnachlass aus, so sind hier noch mal ca. 3 Mio. $ möglicher Einsparungen zu erzielen.

Eine detaillierte Übersicht über die Einsparmöglichkeiten in den verschiedenen Prozessen und den monatlichen Verlauf der Drei-Jahresübersicht zeigen die folgenden beiden Tabellen:

3	Jahresüberblick	Jetzige Lösung	Virtuelle Desktops
CAPEX	Serverhardware & Betriebssystem		$4,241,959
	Speicherbedarf		$216,143
	Desktop Lizenzen		$7,135,800
	MS Lizenzen		$3,963,000
	Endgeräte	$27,604,500	$16,642,500
	Projektkosten		$1,576,979
	Basisservice Infrastruktur	$5,100,000	$3,704,275
	Basisservice Endgeräte	$16,575,000	$9,556,116

OPEX	Support Service	$25,500,000	$23,326,132
	IMAC Prozess erweitert	$17,850,000	$5,926,524
	Endgeräteinitialisierung	$1,275,000	$717,643
	Summe der Investitionskosten	$27,604,500	$33,776,381
	Summe der Betriebskosten	$66,300,000	$43,230,691

Abbildung 18: Einsparpotentiale (detailliert)

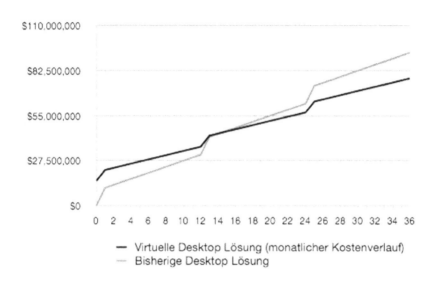

— Virtuelle Desktop Lösung (monatlicher Kostenverlauf)
-- Bisherige Desktop Lösung

Abbildung 19: Kostenverlauf

Die obige Tabelle zeigt den monatlichen Kostenverlauf (Investitions- und operative Kosten) über drei Jahre hinweg. Die bei 0$ beginnenden Linie markiert dabei die bisherige Desktop Lösung, die oberhalb davon beginnende Linie den Verlauf der virtuellen Desktop Lösung. Im Schnittpunkt der beiden Linien sind die Kosten der beiden Lösungen über den Verlauf addiert gleich. Dieser Schnittpunkt markiert den ROI, also den Zeitpunkt bei dem die höheren Verlaufskosten der bisherigen Lösung die geringen operativen Kosten der neuen Lösung (welche die Investitionen inkludiert) treffen. Ab jetzt werden Einsparungen effektiv.

6.8   Kritische Anmerkungen zur Wirtschaftlichkeitsbetrachtung

Abschließend zu diesem Kundenbeispiel seien noch drei Punkte erwähnt, deren Notwendigkeit den Erfolg einer Wirtschaftlichkeitsbetrachtung im Kern ausmachen.

In erster Linie sollte eine Betrachtung dem **„Anspruch auf Vollständigkeit"** genügen. Dies bedeutet, alle wichtigen und relevanten Kosten zu betrachten, aber auch alle möglichen und relevanten Einsparpotenziale mit in das Kalkül zu ziehen. Eine Wirtschaftlichkeitsbetrachtung sollte sich niemals der Kritik aussetzen lassen, versteckte Kosten nicht betrachtet zu haben. In eine effektive Kalkulation gehören nur direkt budgetrelevante Kosten. Das Ausweisen von möglichen Einsparungen pro Mitarbeiter, bei z.Bsp. einem beschleunigten Start des Desktops, ermöglicht zwar das Kalkulieren mit großen Summen, aber wirklich relevant sind diese nicht.

Das führt gleich zum zweiten Punkt, in wie weit ein **„Einsparpotenziale überhaupt realisierbar"** ist. Wenn beispielsweise mit Hilfe von Tarifverträgen betriebsbedingte Kündigungen für die nächsten Jahre ausgeschlossen wurden, muss ein genau darauf basierendes Einsparpotential genau hinterfragt werden.

Bei der Betrachtung der Einspareffekte ist immer zu beachten, dass die Berechnungen **„basierend auf Annahmen"** erstellt worden sind. Dies bedeutet, dass die Güte und Genauigkeit der Annahmen auch einen Maßstab für die Güte und Genauigkeit der Wirtschaftlichkeitsbetrachtung ergibt. Insbesondere sollten die weiteren Schritte im Projekt immer wieder die getroffenen Annahmen hinterfragen, so dass auch die Wirtschaftlichkeitsbetrachtung immer genauer wird.

7 Serviceorganisation IT Department

In den vergangenen Jahren haben sich die IT-Organisationen immer mehr in Richtung einer Service-Organisation für das Unternehmen entwickelt. Dies bringt gerade in Zeiten einer angespannten Wirtschaftlage entscheidende Transparenz und Flexibilität in finanzieller Hinsicht. Der Service, den die IT zur Verfügung stellt, wird dabei sehr detailliert definiert und mit einem Preis belegt. Der Preis richtet sich dabei nach dem Aufwand in der IT-Organisation, so dass sowohl Abschreibungen, also die Investitionen in Infrastruktur, als auch Betriebskosten zum Tragen kommen. Der Preis wird dann an die nutzenden Organisationen weiter gegeben und verrechnet. Das folgende Kapitel betrachtet diesbezüglich den Service, einen Desktop zur Verfügung zu stellen, wobei die möglichen Ausprägungen dieses Service sowohl im klassischen Sinn, als auch als Hosted Shared Desktop und VM-based Hosted Desktop in der virtualisierten Welt aufgezeigt werden.

7.1 Definition Desktop als Service

Im Hinblick auf die Berechenbarkeit des Services muss dieser von zwei Seiten her definiert werden. Zum einen ist festzulegen, welche Bestandteile im Service enthalten sind, was die Kunden, also die Nutzer der anderen Organisationen des Unternehmens bekommen und was sie dafür bezahlen müssen. In der Regel ist dies ein Preis je Endgerät je Monat. Um den Preis genau zu spezifizieren, ist auf der anderen Seite der Service in Indikatoren zu unterteilen, die mit einem Kostensatz belegt werden können. Dabei lassen sich die Investitionen in Infrastruktur und der Aufwand für den Betrieb unterscheiden. Investitionen können als Abschreibungswerte eingebracht werden.

Auszug aus einer Service Beschreibung:

Die IT-Organisation erbringt gemäß der folgenden Beschreibung den Service „PowerDesktop" für ausgewählte Endgeräte und einen definierten Applikationswarenkorb.

Unterstütze Produkte:

Endgeräte: (Auswahl mehrere Endgeräte möglich wie Notebook, Standgerät, etc.)

Applikationswarenkorb: (Office, Mail, SAP, Unternehmensanwendungen)

Die unterstützen Produkte werden an den definierten Arbeitsplatz geliefert und auch von dort wieder zur Entsorgung abgeholt. Innerhalb des Nutzungszeitraumes ist der Wechsel an einen anderen Standort einmalig möglich.

Im Rahmen des Service wird Support für folgende Fehlerklassen durch folgende Ansprechpartner erbracht, der Support wird je nach Schweregrad telefonisch oder als Vor-Ort-Support erbracht.

Tabelle der Schweregrade mit Reaktion der IT und der Rolle des Kunden:

- Applikation reagiert nicht korrekt -> GoTo Assist Seesion
- Festplatte regiert nicht -> VorOrt Service Techniker und Austausch
- ...

Der Preis für dieses Service liegt bei 112 € je Endgerät und je Monat.

Folgende Zusatzoptionen sind optional und können hinzu gebucht werden:

- SAP Client (zzgl. 4,50€ je Endgerät je Monat)
- Software-Entwicklungsumgebung Eclipse (7,50€ je Endgerät je Monat)
- ...

Kostenindikatoren des Service „PowerDesktop":

Die Kosten für den Service „PowerDesktop" lassen sich in sieben Hauptkategorien einteilen, die ihrerseits wieder in verschiedenen Kostenindikatoren untergliedert werden können:

Desktop als Service: Hauptkategorien der Kostenbetrachtung
Basisservice Infrastruktur
Abschreibung für Server
Abschreibung für Endgeräte
Basisservice Endgeräte

Support Services

IMAC Prozess-Erweiterung

Endgerätinitialisierung

Service Management

Desktop als Service: Basisservice Infrastruktur

Aufsetzen eines Virenschutzes

Asset Management

Aufsetzen Ticket System des „User Help Desk"

Eintrag ins AD (Active Directory)

SW Management (Verteilung und Remote Steuerung)

Aufsetzen des DNS / DHCP

Aufsetzen der „File Services"

Aufsetzen der „Directory Services"

Aufsetzen der „Print Services"

Gewähren des Internet-Zugriffs

Desktop als Service: Abschreibungen Infrastruktur

Server:

Hardware-Betrieb

Hardware-Investition (Abschreibung der Server Infrastruktur)

Endgeräte

Hardware-Betrieb

Hardware Investition (Abschreibung der Client Infrastruktur)

Desktop als Service: Basisservice Endgeräte

Asset Management

2nd Level Support (Kernapplikationen)

Service Management (Angebote, Katalogpflege ..)

Virenschutz / Module und Integrationsteste/ Patch Management

Workflow Management (HW & SW Einkauf, Applikationswarenkorb, Genehmigungsverfahren...)

Desktop als Service: Support Services

Help Desk (Self Service Portal / Ticket System / 1st Level Support)

2nd Level Support

3rd Level Support

IMAC-Prozess (Installation, Move, Add, Change)

Nutzer-Administration

Bilanzierung und Leistungsverrechnung

Desktop als Service: IMAC Erweiterung

Zuweisung neuer Applikationen

Bestellung eines neuen Endgerätes

Entsorgung eines Endgerätes

Lokale Software Installation

Desktop als Service: Sonstiges
Endgerätinitialisierung Katastrophenfall (Backup und Wiederherstellung) Service Management

Jedem einzelnen Indikator kann jetzt ein Aufwand bzw. Preis zugewiesen werden. In der Summe ergibt sich dann der interne Kostensatz für den Service. Sehr oft ist die Recherche der internen Aufwände/Kosten eine nicht zu unterschätzende Aufgabe. Sehr gute Hinweise geben hier die verschiedenen am Markt erhältlichen Studien wie bspw.: [Fraunhofer, 2008] PC vs. Thin Client -Wirtschaftlichkeitsbetrachtung. Fraunhofer Institut.

Eine weitere Möglichkeit besteht auch in der Zuordnung der eigenen Mitarbeiter zu den oben genannten Kategorien. Dies sollte in einem ersten Ansatz keine größere Herausforderung sein. Weiß man beispielweise, dass aus den 250 Mitarbeitern in der IT jeweils:

25 MA Vollzeit den Prozess „Basisservice Infrastruktur" bedienen

15 MA im Bereich „Basisservice Endgeräte" arbeiten

31 MA sich mit den „Support Services" beschäftigen

7 MA   verantwortlich für die „IMAC-Prozess-Erweiterung" sind und

5 MA sich um „Endgerätinitialisierung" und „Service Management" kümmern

In der Summe wären das 83 FTEs (Full Time Equivalent) für den Service

Bei einem internen durchschnittlichen Kostensatz von 63.000€ je Jahr je Mitarbeiter wären das Gesamtkosten für den Service von: 5.229.000€

Wenn Ihre zugeordneten Mitarbeiter im Unternehmen 5000 Endgeräte betreuen würde man auf einen Kostensatz von 1045,80€ je Endgerät je Jahr kommen, was einen Satz von 87,15€ je Endgerät je Monat ergibt. (ohne Abschreibung der Infrastruktur)

7.2   Einsparbereiche

Die oben beschriebene Definition des „PowerDesktop" lässt sich ohne weiteres auf die Desktopvirtualisierung übertragen. Dabei werden in den verschiedensten Bereichen Einsparpotenziale realisiert, in anderen Bereichen muss zur Umsetzung der virtuellen Architektur investiert werden. Die bereits im vorherigen Kapitel eingeführte Bewertung der Höhe der Einsparpotenziale kann auch hier zu einer Bestimmung genutzt werden. Wichtig in diesem Umfeld ist der offene Erfahrungs-austausch der beteiligten Gruppen. Nachdem im Umfeld der Desktop-virtualisierung noch keine jahrelangen Erfahrungen vorhanden sein können, sind hier die verschiedenen Expertenmeinungen zu diskutieren und gegeneinander ab-zuwägen. Dies immer im Hinblick auf die eigene Unternehmenssituation, so wird bspw. ein Unternehmen, welches alleinig auf einem Campus stationiert ist und über eine gute Netzanbindung aller Mitarbeiter verfügt, ein anderes Ergebnis erzielen, als ein über Europa verteiltes Unternehmen mit unterschiedlichen An-forderungen und Applikationswarenkörben.

+++	Das Einsparpotenzial ist in hohem Maße sofort realisierbar
++	Das Einsparpotenzial ist realisierbar und fällt nicht so stark aus.
+	Das Einsparpotenzial ist möglicherweise in geringem Umfang realisierbar
-	Zur Umsetzung sind Investitionen notwendig
N	Neutral, gegenüber dem Standard Service

Auch die verschiedenen Varianten der Desktopvirtualsierung wurden in den vergangenen Kapiteln schon ausführlich beschrieben. Folgende Lösungsszenarien finden hier ihre Anwendung:

- Hosted Shared Desktops
- VM Based Hosted Desktops (pooled)
- VM Based Hosted Desktops (dedicated)
- VM Based Hosted Desktops (HighEnd)

Bildet man die verschiedenen Lösungen auf die Indikatoren des PowerDesktop Service ab, so können sich folgende Einsparpotenziale ergeben. Wie bereits angesprochen, resultieren die hier angesprochenen Erkenntnisse aus verschiedensten Projektdiskussionen und wollen keinen Anspruch auf Allgemeingültigkeit für sich beanspruchen.

Hosted Shared Desktop im Vergleich zum Standard PowerDesktop Service

Potenzielle Einsparungen:

SW Management (Verteilung und Remote-Steuerung)

Endgeräte Betrieb (++)

Endgeräte Hardware (++)

2nd Level Support (Kernapplikationen) (++)

Virenschutz / Module und Integrationsteste/ Patch Management (++)

Help Desk (Self Service Portal / Ticket System / 1st Level Support) (++)

IMAC-Prozess (Installation, Move, Add, Change) (++)

Zuweisung neuer Applikationen (++)

Bestellung eines neuen Endgerätes (+++)

Entsorgung eines Endgerätes (+++)

Endgerätinitialisierung (+++)

Investitionen im Bereich:

Server Hardware-Infrastruktur

2nd Level Support

VM based Hosted Desktops: (Delta zu der oberen Liste)

Endgeräte Betrieb (+)

Endgeräte Hardware (+)

IMAC-Prozess (Installation, Move, Add, Change) (++)

Endgerätinitialisierung (+)

Für die Abschreibungskosten der Server-Infrastruktur haben sich aus verschiedenen Projektkalkulationen heraus die folgenden Werte gezeigt.

Preis je Endgerät je Monat für:

Hosted Shared Desktop:	14.18$
VM based Desktop (pooled)	21.01$
VM based Desktop (assigned)	28.34$
VM based Desktop (high end)	29.03$

Nachdem es sich in diesem Beispiel um die Betrachtung des Desktop Service handelt, werden Umsetzungskosten wie bspw. Trainingsaufwand des IT-Personales oder Projektkosten des Umsetzungprojektes in diesem Fall nicht berücksichtigt.

7.3   Einsatzszenarien der Desktopvirtualisierung (Business Cases)

Im Folgenden werden einige Einsatzszenarien angesprochen, die immer wieder den Bereich der Desktopvirtualisierung motivieren und in vielen Projekten der Auslöser dafür sind, sich eingehender mit dem Thema zu beschäftigen. Auch hier schließt sich wieder der Kreis, denn die verschiedenen Szenarien sind eng mit der Definition der Nutzergruppen und der damit verbunden Lösungsarchitektur der Desktopvirtualisierung verbunden.

- Mitarbeiter, die Ihren eigenen PC mitbringen
- Fremdfirmen-Mitarbeiter, die nur auf einen eingeschränkten Applikationswarenkorb zugreifen müssen
- Praktikanten, die nur über einen bestimmten Zeitraum im Unternehmen sind
- Schulungsbereich im Unternehmen, der häufig Geräte neu aufsetzen muss
- Nutzer, die keine eingestuften Firmendaten auf dem Rechner gespeichert haben dürfen
- Test-Nutzer, die sehr viele verschiedene Applikationen auf verschiedenen Plattformen testen müssen
- Zusammenschluss/Kauf/Übernahme/ einer neuen Firma
- Verkauf einer Produktsparte
- Arbeiten von zu Hause aus

7.4 Mengengerüste und Berechnungen

Stellt man jetzt für die oben genannten Einsatzszenarien ein Mengengerüst auf, hat man alle Parameter gesammelt, die für eine Businesskalkulation der verschiedenen Desktopvirtualisierungsvarianten notwendig sind:

- Preis des Service für den klassischen Desktop Service
- Notwendige Investitionen im Infrastrukturbereich
- Mögliche Einsparpotenziale für die verschiedenen virtuellen Desktops
- Nutzerdefinition und Mengengerüst
- Zuordnung der Nutzergruppen zu den verschiedenen virtuellen Desktops

8 Beispielarchitekturen

Dieses Kapitel soll dem geneigten Leser die verschiedenen, bisher theoretisch erläuterten Techniken, sowie deren mögliches Zusammenspiel an Beispielen aus der Praxis vor Augen führen. Hierfür haben wir zwei sehr unterschiedliche Szenarien ausgewählt, um eine möglichst große Spannbreite der realen IT-Welt abzudecken.

8.1 Kundenszenario 1

Der Kunde in unserem ersten Beispiel ist im öffentlichen Dienst, in einem deutschsprachigen Land beheimatet. Auch wenn die Mitarbeiter dieser Unternehmung zum überwiegenden Teil in festen Büros untergebracht sind, werden immer wieder temporäre Außenstellen eingerichtet, was eine erhöhte Grundflexibilität der IT voraussetzt.

8.1.1 Ausgangssituation

Um ein Verständnis für die im weiteren Verlauf dieses Kapitels vorgestellten Lösungsansätze zu ermöglichen, möchten wir an dieser Stelle die Ausgangssituation, wie sie beim Kunden zu Beginn des Projektes vorgefunden wurde, näher erläutern. Um den Datenschutz zu wahren, mussten wir leider die Detailtiefe recht niedrig halten.

Die Eckdaten der IT-Umgebung des Kunden waren wie folgt:

- ca. 35.000 Arbeitsplätze
- ca. 50.000 Benutzer (davon ca. 2.500 Telearbeiter)
- über 400 Standorte
- über 1.200 Serversysteme
- weit über 100 Anwendungen
- Dezentrale Architektur mit Serversystemen an jedem Standort
- Verteilte Datenhaltung & -sicherung

8.1.2 Aufteilung der Standorte

Logisch betrachtet, konnte die Kundenumgebung in drei Ebenen aufgeteilt werden:

Ebene 1: Das Rechenzentrum

Ebene 2: Große Außenstellen

Ebene 3: Kleine und mittlere Außenstellen

Anmerkung: In jeder Niederlassung aller Ebenen wurde eine IT-Infrastruktur für die Erfüllung der lokalen Anforderungen vorgehalten.

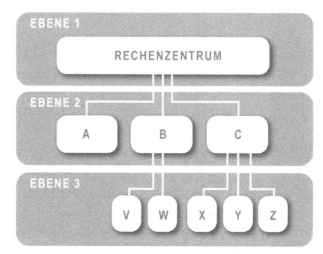

Abbildung 20: Aufteilung der Standorte

8.1.3 Ziele des Kunden

Die Hauptziele des Kunden stellten sich wie folgt dar:

- Zentralisierung & Standardisierung
- Optimieren der Sicherheit
- Optimieren der Betriebsaufwände
- Reduktion der Betriebsinfrastrukturen sowie der relevanten Serversysteme

8.1.4 Vorschlag 1: Zentralisierung auf „Ebene 1"

Der Kern des ersten Architekturvorschlages ist eine komplette Zentralisierung auf Ebene 1 (Rechenzentrum) und dem damit verbundenen Abbau aller dezentralen Server- bzw. Infrastruktursysteme.

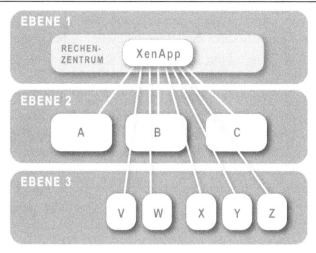

Abbildung 21: Zugriff der Standorte (Vorschlag 1)

Primär sollen bei diesem Lösungsvorschlag die Anwendungen mittels Citrix XenApp als Server gehostete Anwendungen (Onlinevirtualisierung) in Form von veröffentlichten Anwendungen bereitgestellt werden. Um die Integration der Anwendungen und auch den späteren Betrieb in einer derartigen Infrastruktur zu vereinfachen, bieten sich zwei Möglichkeiten. Zum einen könnte die XenApp-Farm in mehrere Anwendungsgruppen aufgeteilt werden, um nicht alle Anwendungen auf jedem Server implementieren zu müssen. So könnten zum Beispiel die Hauptanwendungen von Sonderanwendungen bzw. Fachanwendungen abhängig der Nutzergruppen (Abteilungen) getrennt werden. Eine zweite Variante würde auf dem Einsatz von Anwendungsisolation basieren. Hierbei würden alle Anwendungen in einzelne Anwendungspakete verpackt und nur voneinander abhängige Anwendungen miteinander verlinkt (Inter Isolation Communication) werden. Diese Methode erfordert einen höheren Initialinvest, da für alle Anwendungen neue Pakete erstellt werden müssten. Jedoch ist anschließend das Bereitstellen sowie das Pflegen der Anwendungen um Größenordnungen leichter.

Anwendungen mit speziellen Performanceanforderungen bzw. Programmen, die nicht mehrfach parallel auf einem System betrieben werden können (Nicht Multi-User fähig) werden bei diesem Lösungsvorschlag auf eine Desktopvirtualisierungsinfrastruktur aufgelagert. Auch hier sind wieder zwei verschiedene Ansätze denkbar.

- Einerseits könnte den Anwendern, die oben genannte Anwendungen einsetzen, ein kompletter virtueller Desktop auf Basis von XenDesktop zur Verfügung gestellt werden. Dabei könnten die Problemanwendungen direkt auf dem Desktop installiert bzw. isoliert, sowie die restlichen Anwendungen per oben beschriebener Onlinevirtualisierung (XenApp) zur Verfügung gestellt werden.

- Ein anderer Ansatz wäre, derartige Problemanwendungen auf virtuelle Desktops auszulagern, die Anwendungen selbst jedoch nur als veröffentlichte Anwendung per „VM-hosted Apps" - Modell den Benutzern zur Verfügung zu stellen.

Um den Platz im Rechenzentrum zu minimieren und den Betrieb der künftigen Infrastruktur zu optimieren, wurde dem Kunden der Einsatz einer Servervirtualisierungslösung vorgeschlagen. Dies ermöglicht neben der Platzersparnis, eine hohe Flexibilität und einfachere Katastrophenfallszenarien, da die virtualisierten Server nicht mehr Hardware-gebunden sind. Da im wesentlichen Citrix XenApp bzw. XenDesktop Workloads virtualisiert werden sollten, wurde dem Kunden aufgrund des hohen Integrations- bzw. Optimierungsgrades Citrix XenServer als Virtualisierungsplattform empfohlen.

Um eine derartige Zentralisierung aller Systeme erreichen zu können, ist es notwendig, den Pflegeaufwand auf der Clientseite, wie er zum Beispiel durch Softwareinstallationen oder -updates entsteht, drastisch zur verringern. Dies kann erreicht werden, indem die bestehenden Arbeitsplatz-PCs durch Thin Clients ersetzt oder mit Hilfe von Software- bzw. Hardwarelösungen zu Thin Clients umgebaut werden. Diese Clients lassen sich dann von zentraler Stelle aus konfigurieren, sowie aktualisieren. Weiterhin bieten sie durch die sehr wenigen auf ihnen befindlichen Softwarepakete und dem schreibgeschützten lokalen Dateisystem eine viel geringere Angriffsfläche als herkömmliche Arbeitsplatz-PCs, was eine der Hauptforderungen des Kunden war. Ohne diese Maßnahme wären nach wie vor verschiedene Infrastruktursysteme wie z.B. Softwareverteilung oder „Virenpattern-Repositories" von Nöten.

8.1.4.1 Weitere Lösungsaspekte

Um eine weitere Optimierung der künftigen Kundeninfrastruktur zu erreichen, wurde weiterhin der Einsatz der folgenden Technologien empfohlen:

- **Provisioning Services:** Die Citrix XenApp Server, sowie die virtuellen Desktops sollten unter Hinzunahme der Citrix Provisioning Services bereitgestellt werden. Hierdurch kann eine sehr flexible und dynamische Application / Desktop Delivery-Umgebung ermöglicht werden. Citrix Provisioning Server überträgt („streamt") Server- oder Desktop-Images nach aktuellem Bedarf von einer beliebigen Datenablage auf physische oder virtuelle Rechner. Das Server-Image besteht dabei üblicherweise aus Betriebssystem, Anwendungen und der jeweiligen Konfiguration. Mit den Citrix Provisioning Services ist es sehr einfach, virtuellen Maschinen je nach Bedarf unterschiedliche Aufgaben zuzuweisen. Ein Neustart genügt, um zum Beispiel aus einem Webserver einen XenApp zu erstellen oder einen Windows 7 Desktop anstatt Windows XP bereitzustellen. Durch die Fähigkeit dieses Produktes, einzelne Images beliebig vielen Systemen gleichzeitig zur Verfügung stellen zu können, können hierdurch auch erhebliche Einsparungen im Bereich der Datenablage (Storage) erzielt werden, da nicht für jeden Server / jedes Endgerät ein eignes Image vorgehalten werden muss. Die Images für die Nutzung der Citrix des Provisioning Services werden durch die bereits heute bestehenden Automatisierungsverfahren erzeugt.

- **WAN-Optimierungen:** Da ICA/HDX (Citrix) oder auch RDP (Microsoft) Datenströme sehr anfällig für Latenzen sind, wird im Allgemeinen eine Einführung von „Quality of Service" (QoS) für alle WAN-Strecken empfohlen. Dies stellt sicher, das für ICA/HDX oder RDP zu jedem Zeitpunkt eine garantierte Bandbreite zur Verfügung steht, auch wenn parallel andere Datenströme die Verbindung aktiv nutzen. In einem Szenario ohne QoS, können auch kurze Auslastungsspitzen zu starken Verzögerungen innerhalb der Benutzersitzungen führen.

  Zusätzlich zur altbewährten QoS - Technologie, können heutige „WAN-Optimierungssysteme" auf Verfahren wie „Packet-Deduplication" oder stark verbesserte Komprimierungsalgorithmen zurückgreifen, so dass die effektiv benötigten Bandbreiten und übertragenen Datenmengen auf ein absolutes Minimum beschränkt werden. Dabei greifen diese neuen Verfahren nicht nur auf die oben genannten, sondern auch auf eine Vielzahl weiterer Netzwerkprotokolle

- **Remote Access:** Um die Sicherheit für einen Remotezugriff zu erhöhen, kann das Citrix Access Gateway eingesetzt werden, das nicht nur eine SSL-VPN-Lösung darstellt, sondern auch eine sogenannte „Endpunkt-Analyse" ermöglicht. Hiermit können gezielt Mitarbeiter – abhängig von ihrem Endgerät – mit den entsprechend ihrem Sicherheitslevel zugeteilten Applikationen und Daten versorgt werden.

8.1.4.2   Vorteile dieses Lösungsansatzes

- Einheitliche Bereitstellung von Anwendungen für alle Außenstellen der gesamten Unternehmung von einer zentralen Stelle aus. Durch den Einsatz von Gruppenberechtigungen kann hierbei eine einfache rollenbasierte Zuweisung ermöglicht werden.

- Hohe Standardisierung und Automatisierung der Administration mit gleichzeitig großen Einsparungspotentialen möglich.

  o   Infrastruktur für den Aufbau sowie Betrieb der Umgebung muss nur einmal vorgehalten werden.

- Benutzer können unabhängig von ihrem Standort und Arbeitsplatz problemlos auf ihre gewohnte Arbeitsumgebung zugreifen (z.B. mobile Mitarbeiter, temporäre Außenstellen).

- Die Datenhaltung erfolgt ausschließlich im sicheren Rechenzentrum. Eine lokale Haltung bzw. eine Replikation der Daten wird nicht länger benötigt.

  o   Hohe Datensicherheit und einfache Verwaltung

- Bei einem Umzug der Mitarbeiter ist es nicht erforderlich, das PCs mit umgezogen werden, da keine anwenderspezifischen Daten und Anwendungen lokal installiert / vorhanden sind. Benutzer erhalten unabhängig von ihrem Standort immer nur auf die Daten Zugriff, auf die sie berechtigt sind. Jeder Benutzer kann in jeder Außenstelle arbeiten und findet immer seine gewohnte Arbeitsumgebung wieder.

- Schnelle Wiederherstellung, sollte es lokale Endgeräte Probleme geben:

  o   Nahezu keine Softwareinstallationen notwendig (mit Thin Client noch weniger Konfigurationsanpassung erforderlich, sowie stromsparender)

  o   Zugriff aus Nachbarlokationen sind ohne Probleme möglich

8.1.4.3 Risiken des Lösungsansatzes

- Bei Ausfall des Rechenzentrums, werden die Arbeiten in allen Außenstellen unterbrochen.

  o   Grundsätzlich sollte das Rechenzentrum aus mindestens zwei getrennten Standorten bestehen, um interne Ausweichmöglichkeiten zu haben.

  o   Alle zentral angebotenen Dienste sollten über die o.g. Standorte Aktiv/Aktiv bzw. Aktiv/Passiv verteilt sein.

  o   Es sollten detaillierte Pläne für die Aktionen während eines Ausfalls sowie für den Wiederanlauf erstellt und gepflegt werden.

- Bei Ausfall der Netzwerkanbindung in einer Außenstelle werden die Arbeiten dieses Standortes unterbrochen.

  o   Jede Außenstelle sollte über zwei getrennte WAN bzw. Rechenzentrumsanbindungen verfügen.

  o   Eine Ausweichmöglichkeit für Benutzer mit unternehmenskritischen Aufgaben via UMTS-Verbindungen oder dem Wechsel in eine nahe gelegene Außenstelle kann vorab geplant werden.

8.1.5   Alternative / Vorschlag 2: Zentralisierung auf „Ebene 2"

Im Gegensatz zum oben vorgestellten Lösungsansatz wird bei dieser alternativen Variante eine Zentralisierung auf der zweiten Ebene – die der großen Außenstellen – angestrebt. Dabei werden mit organisatorischen Mitteln die Niederlassungen der dritten Ebene gleichermaßen auf die Standorte in Ebene 2 aufgeteilt. Das zentrale Rechenzentrum (Ebene 1) verliert in diesem Szenario folglich seine herausragende Stellung, was auch mit einer Streuung des Ausfallrisikos einhergeht. Zu beachten ist an dieser Stelle, dass sich die Lösungsansätze ausschließlich mit der Bereitstellung der Anwendungen, nicht jedoch der nachgeschalteten Systeme wie Datenbank- oder Fileserver beschäftigen. Besonders für dieses Szenario muss daher die Zusammenführung bzw. Replikation der Daten gesondert und intensiv betrachtet werden.

Die Architektur würde sich wie folgt darstellen:

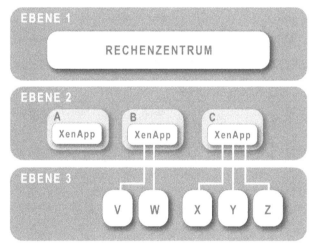

Abbildung 22: Zugriff der Standorte: (Vorschlag 2)

8.1.5.1   Vorteile des Lösungsansatzes

- Auch bei diesem Entwurf bleiben die Vorteile einer zentralen Bereitstellung, wie im Vorschlag 1 bereits aufgezeigt – wenn auch abgeschwächt – bestehen.

- Durch die physische Aufteilung kann auf die unterschiedlichen Bedürfnisse der Regionen nicht nur wie in Vorschlag 1 organisatorisch, sondern auch durch eine räumliche Trennung der Bereitstellung eingegangen werden.

- Durch eine Verteilung der zentralen Infrastruktur kann eine höhere Redundanz erreicht werden, welche jedoch mit einem höheren Administrations- und Infrastrukturaufwand verbunden ist.

8.1.5.2 Nachteile des Lösungsansatzes

- Infrastruktur für den Aufbau sowie Betrieb der Umgebung muss mehrfach vorgehalten werden. Folglich ist auch ein höherer Personalaufwand zu erwarten.

- Die Datenhaltung wird auf mehrere Standorte verteilt, was Mehraufwände sowohl bei der Verwaltung und Sicherung der Daten bzw. Systeme, als auch im Netzwerkbereich durch zusätzliche Übertragungen für Konsolidierungen bzw. Replikation bedeutet.

- Das Einsparpotential ist im Vergleich mit Vorschlag 1 reduziert.

- Umzüge von Mitarbeitern zwischen Außenstellen können, bedingt durch die dezentrale Datenhaltung, große Aufwände nach sich ziehen.

8.1.5.3 Risiken des Lösungsansatzes

- Bei Ausfall eines Ebene 2-Standorts werden die Arbeiten in direkt angeschlossenen Außenstellen unterbrochen. Für alle weiteren Standorte ergeben sich jedoch keine Einschränkungen. (→ Streuung des Risikos)

  o Für jedes Rechenzentrum der Standorte in Ebene 2, gelten im Grundsatz die gleichen Empfehlungen zur Minimierung des Risikos, wie für das Ebene 1-Rechenzentrum in Vorschlag 1.

- Bei Ausfall der Netzwerkanbindung in einer Ebene 3-Außenstelle werden die Arbeiten dieses Standortes unterbrochen.

  o Durch eine Verlagerung bzw. Veränderung des Zentralisierungsansatzes werden die Auswirkungen bei einem Netzwerkausfall in dieser Ebene nicht verändert. Daher gelten auch hier die Empfehlungen aus Vorschlag 1.

8.1.6 Schlusswort

Während dem Kunden aufgrund der klaren Vorteile die Umsetzung des ersten Lösungsvorschlages angetragen und dieser im ersten Schritt auch akzeptiert wurde, ist eine Realisierung einer derartig radikalen Veränderung leider nicht immer möglich. Die Gründe hierfür können vielfältiger Natur sein, beschränken sich in den meisten Fällen aber auf nicht / schwer portierbare Altverfahren oder politische Gegebenheiten. Daher werden leider allzu häufig Mischarchitekturen implementiert, bei denen einiges zentral, aber auch ein mehr oder minder großer Teil dezentral – teilweise sogar in den Außenstellen – betrieben wird. Solche Umgebungen können durchaus zufriedenstellend für alle Anwender / Betreiber ihren Dienst verrichten, bergen aber große, teils nur schwer kalkulierbare Risiken. Besonders im Bereich der Netzwerkverbindungen können konkurrierende Übertragungen eine verheerende Wirkung haben. Daher ist es gerade in derartigen Konstellationen äußerst wichtig, dass Anwendungen bzw. darauf basierende Verfahren und Prozesse vor dem Beginn einer Migration eingehend betrachtet, sowie deren Abhängigkeiten untereinander bzw. zu Infrastrukturkomponenten dokumentiert werden. Denn nur mit dieser Grundlage lässt sich eine verlässliche Planung realisieren.

8.2 Kundenszenario 2

Ein zweites Kundenszenario dreht sich um einen global aufgestellten Konzern aus dem metallverarbeitenden Gewerbe, der bei der Definition seiner zukünftigen Desktop-Strategie von uns begleitet wurde. Dabei wurde bewusst ein sehr strategischer und weitsichtiger Ansatz gewählt, um sich nicht schon zu Beginn den Blick für das große Ganze mit zu vielen Details zu verbauen.

8.2.1 Der erste Schritt – IT / Business-Anforderungen

Wie von Gartner vorausgesagt (vgl. Kapitel Consumerization), kam der Druck, der zur Initiierung des Projektes in dieser Form führte, im Wesentlichen aus den drei Richtungen: Business, Technologie und Gesellschaft.

So wurden Antworten auf die neuen Trends wie

- Unternehmen / IT geliefert vs. Consumerization
- Technologie angetrieben durch Benutzer
- Immerzu verfügbare Anbindung und Mobilität überall
- Green IT

beziehungsweise die neuen Technologien wie

- Desktop / Workplace-Virtualisierung im Zuge der Microsoft Windows 7-Einführung
- Anwendungs-Virtualisierung / Anwendungs-Streaming
- Reine Webanwendungen wie z.B. WebOffice
- Desktop als Service & Cloud Computing (Mischmodelle aus im eigenen Unternehmensnetzwerk, Hosted, SaaS und Cloud)

gesucht.

Um diese Fragestellungen mit einem praxis- sowie unternehmensrelevanten Bezug beantworten zu können, wurden in einem ersten Schritt die Ziele und Anforderungen der Geschäftsseite sowie der Konzern-IT eruiert. So waren die Prioritäten der Unternehmensleitung wie folgt verteilt (absteigend, nach Wichtigkeit sortiert):

- Endbenutzer benötigen Agilität und Flexibilität im Tagesgeschäft
- Überall und zu jeder Zeit Zugriff mit jeglichem Endgerät
- Zugriff auf persönliche Daten und Anwendungen von überall
- Angemessene Leistung und Schnelligkeit der Endgeräte und Anwendungen
- Einfache Nutzung ohne großen Schulungsaufwand
- Schnelle Wiederherstellung nach Ausfall oder defektem Endgerät
- Minimale Ausfallzeiten der Produktivität bei Einführung neuer Technologien
- Flexible Konfigurationen
- Lizenz- und Anlagen-Compliance
- Bereitschaft für Consumerization

Die Anforderungen aus dem Bereich der IT stellten sich so dar (absteigend, nach Wichtigkeit sortiert):

- Reduktion der TCO in Bezug auf:
  o Anzahl der Desktops, deren Management, Administration und Support
  o Software Lifecycle Management vereinfacht / zentralisiert
  o Verlängerung der Hardware-Lebenshaltung und unabhängiger von Software-Schichten
  o Optimierung von Security und Patch Management
  o Optimierung von Netzwerk- und Storage-Auslastung
  o Minimierung des Energieverbrauchs
- Keine oder geringe Restriktionen auf geschäftskritische Anwendungen
- Verbesserung der Informationssicherheit und des Datenschutzes
- Zukunftsfähige Technologien mit Optionen zur weiteren Skalierung und Entwicklung
- Keine oder geringe Restriktionen auf Office Suite und UCC-Möglichkeiten
- Keine Festlegung auf eine spezifische Technologie eines Vendors

Obwohl man auf den ersten Blick klare Unterschiede zwischen den beiden befragten Bereichen ausmachen kann, sind auch deutlich Gemeinsamkeiten sichtbar, auch wenn diese verschiedenartig artikuliert werden. So steht bei beiden die Flexibilität klar im Vordergrund. Während sich die Geschäftsseite hierbei im wesentlichen um die Möglichkeiten der Benutzer im Umgang mit der IT, mit Blick auf eine Attraktivitätssteigerung des Arbeitsumfeldes kümmert, erwartet die IT

Kostensenkungen durch ein vereinfachtes Management der Infrastruktur. Weiterhin stehen bei beiden die Themen Business Continuity sowie Datensicherheit klar im Fokus.

8.2.2 Der zweite Schritt – Anforderungen der Benutzer

Nachdem die Ziele und Anforderungen des Managements klar waren, wandte man sich den direkt Betroffenen zu; den Benutzern. Denn diese haben, wie der geneigte Leser sicherlich bestätigen kann, in den meisten Fällen eine ganz eigene Sicht auf das Arbeitsmittel IT. Das Ergebnis war eine Matrix der in Unternehmen anzutreffenden Benutzergruppen und deren direkte, auf Arbeitsabläufen begründeten Anforderungen.

Eine erste technische Klassifizierung der Benutzer ergab das folgende Bild:

Tabelle 16: Klassifizierung der Benutzer

Gruppe (Anzahl)	Beispiele	Anforderungen / Herausforderungen	Endgeräte
Task User (ca. 3.000)	Call Center, Produktion	**Anforderungen** – Eine auf das Minimum reduzierte Menge an Anwendungen mit maximaler Benutzerfreundlichkeit – Schneller Zugang zu Anwendungen und Informationen – Stationäre Systeme ausreichend **Herausforderungen** – Benutzer oftmals in entfernten Außenstandorten beheimatet (Netzwerkanbindung)	Desktops, Thin Clients

Gruppe (Anzahl)	Beispiele	Anforderungen / Herausforderungen	Endgeräte
Office User (ca. 3.000)	Personalwesen, Finanzabt., allg. Verwaltung	**Anforderungen** – Schneller und einfacher Zugang zu Anwendungen und Informationen – Teilweise landesspez. Anwendungen erforderlich – Stationäre Systeme ausreichend / nur geringe Nachfrage nach Heimarbeit – Möglichkeit für persönliche Anpassungen des Arbeitsumfeldes erwünscht	Desktops, Laptops, Thin Clients
Power User (ca. 1.000)	R&D, CAD/CAM, IT-Abteilung	**Anforderungen** – Hohe Anforderungen an Performance – Teilweise wird spezielle 3D-Hardware benötigt – Mehrere Monitore erforderlich – Einsatz eigener Tools und Anwendungen erforderlich – Einsatz verschiedener Betriebssystemplattformen notwendig	Desktops, Laptops

Gruppe (Anzahl)	Beispiele	Anforderungen / Herausforderungen	Endgeräte
Mobile User (ca. 9.000)	Sales Force, Field engineer, home office worker	**Charakteristik** – Bewegen sich häufig zwischen Firmen- und/oder Kundenstandorten **Anforderungen** – Anwendungen und Informationen sollten offline zur Verfügung stehen – „Always on Conncectivity" erwünscht **Herausforderungen** – Daten des tägl. Umgangs sind teilweise hoch sensibel – Lange Zeiten ohne Verbindung zum LAN (Softwareupdates)	Laptops

Gruppe (Anzahl)	Beispiele	Anforderungen / Herausforderungen	Endgeräte
Anywhere User (ca. 100)	Top-Management	**Charakteristik** – Sehr mobil und unternehmenskritisch **Anforderungen** – Anwendungen und Informationen sollten offline zur Verfügung stehen – Verschiedenste Gerätetypen /-klassen (iPhones, NetBooks, MacBooks, etc.) sollen zum Einsatz kommen dürfen – „Always on Conncectivity" erwünscht **Herausforderungen** – Großer Teil der Daten des tägl. Umgangs sind hoch sensibel – Lange Zeiten ohne Verbindung zum LAN (Softwareupdates)	Laptops, Smartphone

Weitere identifizierte Gruppen bestanden aus externen Benutzern, wie Zulieferern oder Partnern und Spezialanwendern. Da diese Gruppen jedoch nur einen sehr kleinen Teil der Benutzerlandschaft darstellten, wurden sie im ersten Schritt ausgeblendet.

Was bei näherer Betrachtung der Benutzeranforderungen klar wird ist, dass der zu erreichende Grad der Standardisierung stark zwischen den Benutzergruppen schwankt, wobei die Task User das größte Potential bieten. Dem genau entgegengesetzt verhalten sich die zu erwartenden Kosten pro Benutzer. Diese Erkenntnisse auf ein Diagramm übertragen, ergibt folgendes Bild:

Abbildung 23: Kosten vs. Flexibilität

8.2.3   Der dritte Schritt – High Level-Architektur

Im dritten und letzten Schritt der Studie, wurde versucht, eine mögliche Architektur für die Kundenumgebung mit den oben ausgiebig erläuterten Anforderungen, zur erstellen. Da diese eine sehr große Spannweite haben und z.B. gerade bei Task User und Anywhere User diametral auseinander liegen, wurden hier zunächst die Anwendergruppen einzeln betrachtet.

8.2.3.1 Task User

Da die Task User in einem sehr klar definierten Arbeitsumfeld, wie z.B. einem Call Center oder einer Produktionsschiene in einer Fabrik, ihren täglichen Aufgaben nachgehen, ist für diese Gruppe ein stationäres sowie hochgradig standardisiertes IT bzw. Anwendungsumfeld, mit Fokus auf schnellen und einfachem Zugang zu den benötigten Informationen, vollkommen ausreichend. Wie aus der weiter oben stehenden Tabelle 21 erkennbar ist, wird dies auch von den Benutzern selbst gewünscht. Hintergrund hierfür dürfte auch der Umstand des Drucks zur Erfüllung von Produktionsquoten bzw. einer Bezahlung der Mitarbeiter nach Anrufen sein.

Um von den Möglichkeiten einer hohen Standardisierung profitieren zu können, wurde für diese Anwendergruppe eine Bereitstellung der Anwendungen mit Hilfe von einigen wenigen „Shared Applications" respektive eines „Shared Desktop" festgelegt (vgl. Kapitel 3 – End to End - Virtualisierung). Dies soll auf Basis von Microsoft Windows sowie Citrix XenApp realisiert werden. Eine rein auf Microsoft Windows Remote Desktop Services (Terminal Services) basierende Lösung kam aufgrund der Komplexität der Umgebung (Stichwort Betrieb der Umgebung) sowie der Notwendigkeit der Anbindung weit entfernter Standorte über langsame WAN-Anbindungen, nicht in Frage. Ein weiterer Grund für den Einsatz dieser Technologien liegt in der Möglichkeit einer zentralen Datenhaltung. Da die Produktionsstandorte sowie die Call Center in verschiedenen Ländern bestehen, sie jedoch zu großen Teilen auf dieselben Daten zugreifen müssen, wäre ohne diese Techniken eine aufwendige Replikation der Daten notwendig.

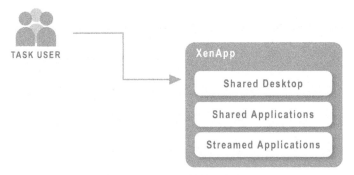

Abbildung 24: Zugriff der Task User

8.2.3.2 Office User

Ähnlich wie bei den Task Usern, steht der schnelle und einfache Zugang zu den Anwendungen sowie den Informationen für diese Benutzer klar im Vordergrund, wenngleich auch ein deutlich größerer Bedarf nach einem flexiblen Arbeitsumfeld besteht. Dieser resultiert unter anderem aus einzelnen landesspezifischen Programmen und dem Wunsch nach individuellen Einstellungen innerhalb von Anwendungen.

Da auch diese Benutzergruppe ein hohes Standardisierungspotential bietet, sollen auch für sie die Anwendungen mittels Citrix XenApp auf Basis von Microsoft Windows bereitgestellt werden. Dabei kommt ein „Shared Desktop" zum Einsatz, der direkt den größten gemeinsamen Nenner der Anwendungen der verschiedenen Abteilungen enthält. Für spezielle Programme, die vom Standardportfolio abweichen, kommen zwei weitere Technologien zum Einsatz. Dies wäre zum einen das Application Streaming, also dem isolieren und automatischen Verteilen von Anwendungen (vgl. Kapitel 3 – End to End-Virtualisierung), sowie das sogenannte Session-in-Session-Modell, bei dem Anwendungen aus verschiedenen Teilen einer XenApp-Infrastruktur konsolidiert auf einem Desktop – in diesem Fall Shared

Desktop – angezeigt werden. Demnach ergibt sich für die Benutzergruppe Office User das folgende Schaubild:

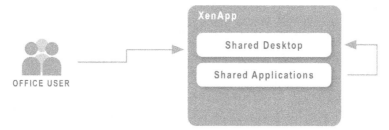

Abbildung 25: Zugriff der Office User

Für einen kleinen Teil der Benutzer, die durch die Einschränkungen eines Shared Desktop (vgl. Kapitel 3 – End to End-Virtualisierung) in ihrer Arbeit behindert würden, ist das Bereitstellen von privaten (Private) Desktops auf Basis von Citrix XenDesktop geplant. Eine derartige Konfiguration sollte jedoch den absoluten Ausnahmefall darstellen, da dies mit einer Heterogenisierung der Umgebung und damit einer Erhöhung der direkten Kosten einhergeht.

8.2.3.3 Power User

Aufgrund der Anforderungen der Benutzer sowie der objektiven Betrachtung der Tätigkeiten der als Power User eingestuften Mitarbeiter, ergibt sich ein hoher Bedarf an Performance (z.B. beim Erstellen von CAD-Modellen), wie auch an Flexibilität beim Einsatz von Tools und Anwendungen für hoch spezialisierte Themengebiete oder gar bei der Wahl des verwendeten Betriebssystems. Neben diesen Anforderungen besteht natürlich auch nach wie vor der Bedarf an „normalen" Büroanwendungen wie Microsoft Office, SAP oder Siebel. Somit ergeben sich aus einer IT-Infrastruktursicht zwei Welten, die, sollte man sie mit klassischen Ansätzen zu vereinen versuchen, meist auf Kompromisslösungen hinauslaufen, mit denen weder Anwender noch IT zufrieden sind. Aus diesen Gründen müssen hier mehrere Technologien zur Anwendung gebracht werden, um alle Anforderungen abdecken zu können. Für eine bessere Veranschaulichung, werden die in der obenstehenden Tabelle benannten Benutzergruppen einzeln betrachtet.

IT-Abteilung

Für die Mitarbeiter der IT-Abteilung gelten, aufgrund ihrer Rechte innerhalb der IT-Infrastruktur, im Allgemeinen erhöhte Sicherheitsanforderungen. So wird typischerweise eine Trennung von normaler Benutzerkennung (für allg. Büro-arbeiten) und Administrationskennung (für IT-spezifische Arbeiten) vorgenommen. In unserem Beispiel wurde dies noch durch eine Entkoppelung der Administrationswerkzeuge vom normalen Arbeitsplatz verstärkt. So wurden alle Programme, die erhöhte Benutzerrechte benötigten, auf einen separaten Bereich der XenApp-Infrastruktur ausgelagert. Der Zugang der Benutzer erfolgte über normale Citrix ICA/HDX-Mechanismen. Die Büroanwendungen wurden auf der für alle Anwender zugänglichen XenApp Farm (vgl. Task / Office User) bezogen. Die IT-Mitarbeiter selbst verfügten nunmehr nur noch über Thin Clients, die das Beziehen von Anwendungen aus verschiedenen Quellen sowie ein komfortables Wechseln zwischen den Anwendungen ermöglichen.

Für Tests von neuen Anwendungen oder Verfahren wurde für jeden Mitarbeiter ein Zugang zum Web-Portal einer typischen IT-Labor-Lösung, wie z.B. VMware vCenter Lab Manager oder VMLogix LabManager eingerichtet. Mit Hilfe dieser Lösungen können virtuelle Testsysteme oder bei Bedarf gar Testumgebungen mit isolierten Netzwerken automatisiert erstellt werden, die dem Tester einen vollständigen administrativen Zugang ermöglichen. Dabei werden alle erstellten Komponenten einem Mitarbeiter zugeordnet und mit einem „Haltbarkeitsdatum" versehen, so dass ein Ausufern der Testlandschaften wirksam verhindert werden kann.

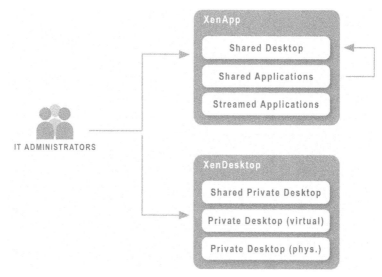

Abbildung 26: Zugriff der IT Administrators

R&D

Die Entwickler wurden in diesem Kundenszenario den Administratoren gleich gesetzt. Lediglich der Zugang zu den administrativen Werkzeugen wurde, aus offensichtlichen Gründen, nicht gestattet.

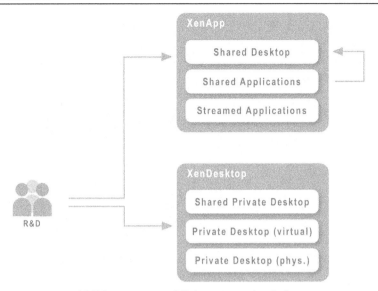

Abbildung 27: Zugriff der R&D Mitarbeiter

CAD / CAM

Die Benutzer aus den CAD / CAM-Bereichen sind, neben den Aktienhändlern der Banken, sicher die performancehungrigsten Benutzer überhaupt. Deshalb kommen für das Bereitstellen von Fachanwendungen, wie z.B. dem weit verbreiteten CAD-Programm CATIA von der französischen Firma Dassault Systèmes, nur dedizierte Desktops in Frage. Denn nur hiermit kann gezielt verhindert werden, dass die Performance anderer Benutzer stark negativ beeinflusst wird. Für die Bereitstellung der CAD-Anwendungen, wurden in diesem Fall im Rechenzentrum zentralisierte Blade-basierte Workstations mit High-end-Grafikkarten zum Einsatz gebracht. Der Zugang zu diesen Systemen erfolgt mit Hilfe von Citrix XenDesktop und dem für derartige Szenarien optimierten HDX 3D, bei dem die o.g. Grafikhardware für die Darstellungsverbesserung und Verschlankung der Datenströme zum Benutzer aktiv verwendet wird. Auf der Seite der Benutzer wurden handelsübliche Windows-basierte Notebooks eingesetzt.

Trotz der recht aufwändigen Infrastruktur, lassen sich auch in diesem Fall zügig Einsparpotentiale erreichen. So kann durch die Zentralisierung der CAD/CAM-Daten im Rechenzentrum die umso aufwändigere Synchronisation der Datenbestände wegfallen. Diese ist im CAD/CAM-Umfeld durch die Menge der Daten, von bis zu mehreren GB pro Modell, sehr infrastrukturintensiv. Weiterhin, ist es möglich, die typischen Abwesenheitszeiten der Mitarbeiter (durch Krankheit, Urlaub, Schulung, etc.) mit Hilfe eines „oversubscription"-Modells auszunutzen. Dabei werden nur für 90 – 95% der Anwender die o.g. physischen Workstations in einem Pool zur Verfügung gestellt, den sich die anwendenden Benutzer teilen. Bei typischen Lizenzkosten von 20.000 – 50.000€ pro Arbeitsplatz, sind hier die Investitionen in die Infrastruktur schnell amortisiert.

Nun bleiben noch die typischen Büroanwendungen. Diese wurden aus derselben XenApp-Infrastruktur, wie für die Office bzw. Task User, zur Verfügung gestellt. Auf dem Arbeitsplatz des Anwenders, werden schließlich alle Anwendungen konsolidiert angezeigt.

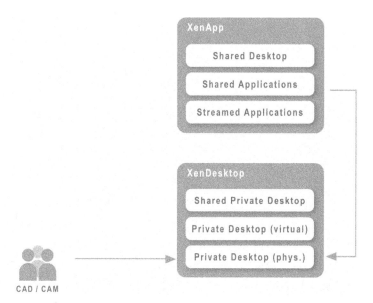

Abbildung 28: Zugriff der CAD / CAM - Mitarbeiter

Mobile User

Die als Mobile User klassifizierte Gruppe von Anwendern charakterisiert sich im Wesentlichen durch eine intensive Reisetätigkeit und, damit verbunden, den wechselnden Arbeitsorten. Diese beinhalten naturgemäß nicht nur Standorte des eigenen Unternehmens, sondern auch die von Kunden, Hotels, Bahnhöfe, Flughäfen oder auch das eigene Home Office. Dementsprechend ist eine Portabilität des zur Verfügung gestellten Arbeitsgeräts, wie auch die Möglichkeit ohne Verbindung zum Unternehmen arbeiten zu können, von entscheidender Wichtigkeit. Hieraus ergibt sich, dass nur Laptops bzw. Netbooks mit lokal installierten bzw. mit Hilfe von Streaming oder Isolation aufgebrachten Anwendungen für diese Mitarbeiter in Frage kommen. Dies birgt aber auch das Risiko, dass sensible Firmendaten, bei Verlust eines Gerätes, in falsche Hände geraten können.

Um dieser Gefahr vorzubeugen, wurden zwei direkte Maßnahmen ergriffen. Im ersten Schritt wurden alle Festplatten bzw. die darauf enthaltenen Daten verschlüsselt. Als nächste Maßnahme wurden alle Anwendungen, die Zugang zu sensiblen Daten ermöglichen, im Rechenzentrum zentralisiert und mit Hilfe von Citrix XenApp via ICA/HDX zugänglich gemacht.

Um eine Synchronisation der Daten aller anderen lokal verfügbaren Anwendungen zu ermöglichen, wurde eine „Virtual Private Network" (VPN) -basierte Verbindungsmöglichkeit geschaffen.

Um den Anwendern die Auswahl des geeigneten Verbindungstyps – ICA/HDX oder VPN – so einfach wie möglich zu gestalten oder im besten Fall sogar abnehmen zu können, soll in einem künftigen Schritt der Citrix Receiver auf den Endgeräten eingeführt werden. Dieser kann, abhängig von der zentral vorgenommenen Konfiguration, die oben genannten Schritte automatisiert ausführen. Die erforderlichen Aktionen der Benutzer beschränken sich dabei auf die Eingabe von Benutzername und Passworts, sowie ggf. einer weiteren Authentifizierungsstufe.

Künftig wäre hier auch ein Einsatz eines „client side" Hypervisors, wie dem Citrix XenClient oder VMware CVP, denkbar. In einem derartigen Szenario würde auf dem Laptop eines Benutzers ein zentral von der Unternehmens-IT konfiguriertes virtuelles System mit allen relevanten Anwendungen, analog zum oben beschriebenen Verfahren, implementiert. Dieses würde, sobald eine geeignet schnelle Verbindung zum Firmennetzwerk hergestellt wurde, in das Rechenzentrum repliziert. Sollte nun das Notebook verloren gehen oder einen Defekt haben, ist das virtuelle System inklusive aller Daten und Konfigurationen noch im Rechenzentrum vorhanden und kann auf einen Ersatzlaptop o.ä. erneut repliziert werden. Zusätzlich gäbe es die Möglichkeit, die zentrale Kopie des virtuellen Systems auf Bedarf zu aktivieren und einen Zugang von einem Thin Client oder dem PC im Home Office aus zu ermöglichen.

Anywhere User

Diese Benutzergruppe entspricht mit Ihren Anforderungen im Wesentlichen den Mobile Usern, jedoch haben sie aufgrund ihrer Stellung im Unternehmen höhere Freiheitsgrade bei der Wahl der verwendeten Geräte. Daher wurde die Abdeckung der Benutzeranforderungen analog zu den Mobile Usern durchgeführt. Zusätzlich wurde, um den Einsatz von Smartphones für Unternehmensanwendungen zu ermöglichen, den Benutzern Zugang zu speziell veröffentlichten Anwendungen der Citrix XenApp Farm ermöglicht. Hierbei wurden nicht die Anwendungen selbst, sondern lediglich die Darstellungsoptionen den sehr kleinen Bildschirmdiagonalen angepasst.

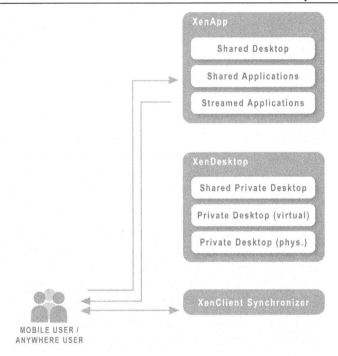

Abbildung 29: Zugriff der Mobile /Anywhere User

8.2.4   Die Architektur im Überblick.

Um eine bessere Übersicht über die verwendeten Technologien, deren Zusammenspiel sowie die Synergien zu ermöglichen, haben wir hier noch einmal ein
Gesamtbild der IT-Architektur des Kunden zusammengestellt.

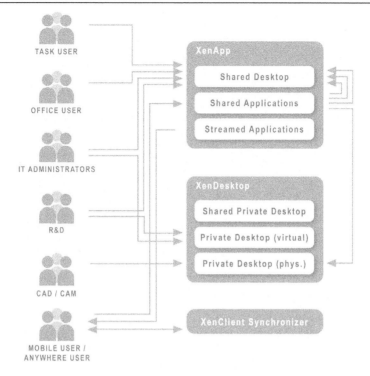

Abbildung 30: Die Architektur im Überblick

Wie gerade an diesem Kundenbeispiel sehr schön zu sehen ist, kann in der heutigen Zeit – mit den vielschichtigen Anforderungen, sowie den technologischen Vorkenntnissen und Erwartungshaltungen der Anwender – eine rein von der IT-Abteilung vorgegebene Strategie nur noch in sehr begrenztem Maße zum Erfolg führen. Die „one-size-fits-all"-Ära, die noch immer von einigen Unternehmen, wie aber auch Dienstleistern sowie Herstellern gelebt wird, neigt sich klar dem Ende zu.

9 Cloud Computing

Die heutige Vielfalt an Software- und Hardware-Lösungen und die Verfügbarkeit von Virtualisierungstechnologien bieten viele neue Möglichkeiten an, mit deren Hilfe die IT effizient und flexibel gestaltet werden kann. Daher stehen nun Mittel zur Verfügung, das Internet als Medium für Dienste wie Cloud Computing zu nutzen.

Was ist jedoch dieses Cloud Computing? Was hat es mit Wolken zu tun? Der Ausdruck „Cloud" ist eine Metapher für das Internet und basiert auf der Darstellung des Internets als Wolke in Zeichnungen für Netzwerk-Topologie. Das Bild der Wolke bezeichnete etwas Formloses und nicht Erfassbares, war jedoch auf jeder Netzwerkzeichnung erforderlich, da heute die meisten Netzwerk-verbindungen mit der Außenwelt durch das Internet verlaufen. Weiterhin wird durch die Verwendung der Wolke die Komplexität dieser Infrastruktur kaschiert. Hierbei befinden sich die Ressourcen wie Server, Desktops, Anwendungen oder sogar Speicherplatz bei einem Cloud Computing-Anbieter in Form von dynamisch skalierbaren und meistens virtualisierten Ressourcen und werden als Service über das Internet angeboten. Der Zugriff erfolgt über das Internet mit einem Web-browser und erfordert vom Benutzer kein besonderes Wissen, da für den Benutzer bekannte Technologien verwendet werden.

9.1 Definition

> Begriffsdefinition „Cloud Computing" durch IBM
>
> Cloud Computing ist ein sich abzeichnender Paradigmenwechsel für die Datenverarbeitung, wo sich Daten und Services in extrem skalierbaren Rechenzentren befinden und sind jederzeit zugreifbar über an das Internet angebundene Endgeräte. Es bietet äußerst skalierbare Rechenleistung sowohl für Anwendungen als auch für das Hosten der Anwendung an sich.

Somit wird das Symbol für das Internet in Form einer Wolke ein wichtiger Bestandteil der Architektur, da Anwendungen, die über Cloud Computing bereitgestellt werden, statt einfach das Internet zu passieren, nun direkt mit der Wolke verbunden sind und diese Teil der Anwendungen ist. Dies macht die „Wolke" wesentlich greifbarer.

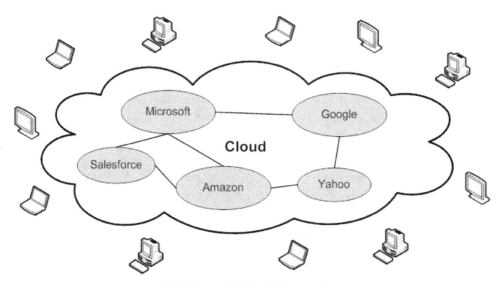

Abbildung 31: Cloud Computing

Die Anatomie des Cloud Computing umfasst im Allgemeinen drei Schichten, die in der Abbildung 33 aufgeführt sind. Dabei repräsentiert jede Schicht die Proportionen der IT-Masse in Bezug auf Kosten, physischen Platzbedarf, Wartung, Administration und Lebensdauer. Des Weiteren reflektieren diese Schichten die IT-Anatomie im Allgemeinen – Hardware, Betriebssystem und Anwendung.

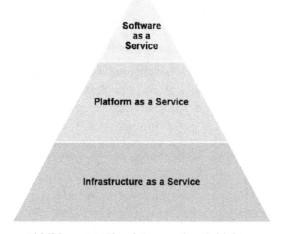

Abbildung 32: Cloud Computing Schichten

Die einzelnen Cloud Computing-Schichten haben die nachfolgend aufgeführten Eigenschaften:

o **Software as a Service (SaaS):** stellt Anwendungen durch einen Hoster zur Verfügung, die zentral verwaltet werden und auf die in der Regel über das Internet zugegriffen wird. Damit wird die Verwaltung einer Anwendung komplett durch den Anbieter selbst übernommen und nicht die Benutzer. Ein Beispiel hierzu ist Salesforce.

o **Platform as a Service (PaaS):** bietet sowohl eine Ausführungs- als auch eine Entwicklungs-Plattform auf Basis des Cloud Computings an. Damit wird die Entwicklung und der Rollout von Anwendungen vereinfacht ohne die Kosten und die Komplexität der darunterliegenden Hardware und Software.

o **Infrastructure as a Service (Server, Desktops, Storage):** Dieses Modell bietet "Alles als Service" an und beinhaltet Server, Netzwerkkomponenten, Speicher, CPU, Speicherplatz und Rechenzentrum. Typische Eigenschaften sind hierbei das dynamische Skalieren der Ressourcen entsprechend dem Bedarf, variable Kosten, Mandantenfähigkeit (mehrere Kunden teilen sich Infrastruktur-Ressourcen) und Enterprise-Infrastruktur, die auch kleineren Organisationen zur Verfügung steht.

Trotz der vielen neuen Möglichkeiten für Unternehmen, die das Cloud Computing offeriert, ist es keine Lösung für jedermann. Es ist eine äußerst attraktive Lösung für Unternehmen, deren Anforderung an verfügbaren Rechenleistungen ungleichmäßig ist. Falls die Anforderung eines Unternehmens an deren bestehende Rechen- und Speicherkapazitäten sehr ungleichmäßig sind, wie z.B. der erhöhte Bedarf an Rechenleistung an Monatsenden oder jeden Samstagabend für die Verarbeitung von Daten, kann die Auslagerung dieser Verarbeitung an das Cloud Computing durchaus sinnvoll sein, da man im Rechenzentrum die meist brach liegende und nicht ausgenutzte Rechen- und Speicherkapazitäten vorhalten muss. Dadurch kann man Kosten einsparen und durch die nahezu unbegrenzten Ressourcen der Cloud Computing Provider trotzdem ein ruhiges Gewissen haben.

Cloud Computing ist besonders auch für neu gegründete Unternehmen attraktiv, wenn noch nicht abgeschätzt werden kann, wie sich das Business entwickeln wird und ob die IT entsprechend skalieren kann. Cloud Computing kann hierfür eine sehr vorteilhafte Lösung sein.

Im Verlauf dieses Kapitels werden wir auf weitere Aspekte des Cloud Computings eingehen, insbesondere die damit verbundenen Vor- und Nachteile.

9.2   Entstehung des Cloud Computing

Vor dem Bekanntwerden von Cloud Computing waren andere ähnliche Konzepte existent, wie z.B. Grid Computing und Utility Computing. Der Kernunterschied zwischen Grid Computing und Cloud Computing ist, dass Grid Computing-Umgebungen aus verschiedensten Maschinen bestehen, während Cloud Computing-Umgebungen viel kontrollierter sind und meistens aus gleichen Backend-Maschinen bestehen. Utility Computing bezieht sich auf ein Geschäftsmodell, in dem messbare Dienste wie Datenverkehr oder Verwendung von gehosteten Applikationen kostenpflichtig bereitgestellt werden. Jedoch ist das Konzept „elastisches" Wachstum der Dienste im Cloud Computing vorherrschend, da die Fähigkeit, Kapazitäten hinzuzufügen bzw. zu entfernen, auf Basis von Bedarf eine wichtige Eigenschaft des Cloud Computing ist.

In den Anfängen des Cloud Computings haben Google und Amazon unabhängig voneinander ihre eigenen Cloud Computing - Architekturen entwickelt, um ihr eigenes Geschäft in Form von Diensten zu unterstützen. Damit wurde ihre eigene Infrastruktur ein eigenständiger Dienst, den sie basierend auf Nutzungsdauer an Entwickler verkaufen konnten. Insbesondere Amazon hat die Mehrwerte ihrer eigenen Plattform erkannt, und es war nur eine Frage der Zeit, bis Amazon nicht nur für ihren Online-Shop bekannt wurde, sondern auch für die Bereitstellung von Rechenkapazitäten. Damit hat Amazon frühzeitig erkannt, dass es seine Rechenkapazitäten als Platform as a Service (PaaS) unter dem Namen „EC2" verkaufen kann und meistens als Vorreiter der Kommerzialisierung von Cloud Computing angesehen wird, insbesondere für Berechnungs- und Verwendungsmodelle.

Beide Anbieter, Google und Amazon, gelten als Experten für Cloud Computing-basierte Umgebungen, jedoch spezialisieren sich mehr und mehr weitere Vendoren in diesem Bereich, wie Microsoft, IBM, HP und andere Dienstleister.

9.3   Architektur

Die Cloud Computing-Architektur lässt sich vereinfacht darstellen, wenn man sie in zwei Bereiche aufteilt: Frontend und Backend. Beide sind durch ein Netzwerk miteinander verbunden, meistens das Internet. Das Frontend ist das, was ein Benutzer oder Kunde sieht, und das Backend ist die „Wolke".

Der Bereich Frontend besteht typischerweise aus einem Endgerät des Benutzers und einer Applikation, um auf Ressourcen im Cloud Computing-System zugreifen zu können. Dabei kann sich das Benutzerinterface abhängig vom Cloud Computing-Anbieter unterscheiden. Dienste wie webbasierende E-Mail-Anwendungen verwenden Webbrowser wie Internet Explorer oder Firefox. Andere hingegen haben ihre eigenen Anwendungen, um auf Cloud Computing-basierte Dienste zugreifen zu können.

Der Backend-Bereich des Cloud Computing-Systems besteht aus verschiedensten Computern, Servern und Storage-Systemen, die die „Wolke" der Rechenzentrumdienste formen. Theoretisch kann das Cloud Computing-System praktisch jegliche Computeranwendung, die man sich vorstellen kann, bereitstellen – von Datenverarbeitung bis hin zu Videospielen. In der Regel hat jede Anwendung ihren eigenen dedizierten Server.

Das Cloud Computing-System verfügt über die notwendigen Werkzeuge zur Administration und Überwachung des Systems, Datenverkehr und Anforderungen der Klienten wie SLAs (Service Level Agreement), um den reibungslosen Betrieb sicherzustellen. Hierfür müssen vordefinierte Prozesse befolgt werden, die durch spezifische Software, sogenannte Middleware, zur Verfügung gestellt werden.

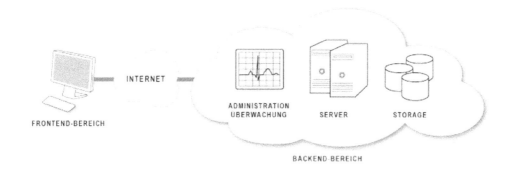

INTERNET

ADMINISTRATION
UBERWACHUNG   SERVER   STORAGE

FRONTEND-BEREICH

BACKEND-BEREICH

Abbildung 33: Vereinfachte Darstellung der Cloud Computing-Architektur

Aufgrund der Tatsache, dass mit der Bereitstellung von Diensten in Form von Applikationen, Desktops und Servern über Cloud Computing auch Storage-Systeme benötigt werden, steigt der Bedarf für mehr Speicherkapazitäten. Die Kosten für Speicher sind im Laufe der Zeit zwar günstiger geworden, jedoch ist der gesteigerte Bedarf an Speicherkapazitäten auch durch die vermehrte Digitalisierung von Geschäftsprozessen immer aufwändiger zu sichern. Aus diesem Grund brauchen heute viele Unternehmen skalierbare und redundante Storage-Systeme. Cloud Computing-Provider hingegen benöten mindestens die doppelte Kapazität, um sämtliche Daten ihrer Klienten redundant zu halten, falls es zu Hardware-Ausfällen oder sogar zu Rechenzentrum-Ausfällen kommt.

9.3.1   Komponenten

Die Komponenten bestehen aus folgenden Ebenen, sortiert aus Sicht des Benutzers:

Tabelle 11:   Übersicht der Cloud Computing-Komponenten

Komponente	Beschreibung
Endgerät	Greift auf Cloud-Dienste zu und besteht in der Regel aus Hardware und Software, um auf bereitgestellte Anwendungen oder sogar virtuelle Desktops zuzugreifen. Dabei kommen PCs, Thin Clients oder mobile Endgeräte wie z.B. Laptops, iPhone, oder Windows Mobile-basierte Geräte zum Einsatz.
Zugriff	Erfolgt auf bereitgestellte Services durch Netzwerkverbindung, wie z.B. das Internet oder aus Unternehmens-eigenen Verbindungen durch ein LAN oder WAN.
Services	Repräsentiert die Dienste, die durch Unternehmen oder Privatpersonen in Anspruch genommen werden, wie z.B. E-Mail und Web Service bis hin zu spezifischen Business-Anwendungen, virtuellen Desktops und Serverkapazitäten.
Anwendungen / Virtuelle Desktops	Bereitgestellte Dienste nutzen Anwendungen und virtuelle Desktops die Cloud Computing - Architektur und eliminieren damit die Notwendigkeit der Installation auf einem persönlichen Computer. Somit werden die Zeit- und Kostenintensiven Eigenschaften der Software-Wartung, Verwaltung und Support beseitigt. Beispiele hierfür sind Salesforce, Microsoft Online Services, Web - Anwendungen (Facebook, Twitter).
Plattform	Bietet die zum Cloud zugehörige Plattform an, um Anwendungen bereitstellen zu können, ohne die Kostenaspekte für Installation und Wartung der darunterliegenden Hardware und des Betriebssystems.
Storage	Hält Daten bereit, die im Rahmen der bereitgestellten Services erforderlich sind. Diese können nicht nur Speicherbereiche für Daten an sich sein, sondern auch Datenbanken, die als Backend für Anwendungen benötigt werden. Diese sind meistens Mandanten fähig, da Informationen vertraulich behandelt werden müssen, um ein und die gleiche Infrastruktur für mehrere gemeinsam nutzen zu können.
Infrastruktur	Repräsentiert die eigentliche physische Umgebung, die das Cloud Computing-System bildet, jedoch transparent für den Benutzer ist. Hierbei stehen verschiedene Anbieter zur Verfügung, die sich durch einzelne Bereiche eines Cloud Computing-Systems unterscheiden, wie z.B. Storage oder Management, bis hin zu einer vollständig virtualisierten Umgebung, in der Server und Desktop Ressourcen bereitstehen.

9.4   Cloud Computing-Typen

Nach Verdeutlichung der Architektur des Cloud Computing-Systems geht es nun darum, wie man diese sinnvoll einsetzen kann. Fragen, die sich hier stellen, sind:

- In welchen Szenarien kann man die Vorteile von Cloud Computing am besten nutzen?
- Welche Faktoren müssen hierbei berücksichtigt werden?
- Wie sieht das Sicherheitsmodell aus?
- Wo werden die Daten gehalten?

Es empfiehlt sich grundsätzlich, diese Fragen vor der Nutzung einer Cloud Computing-Lösung zu klären, da man verschiedene Kombinationsmöglichkeiten hat. Die verbeitetsten Modelle sind: Private (intern), Öffentliche (extern) und Hybride Cloud Computing-Architekturen.

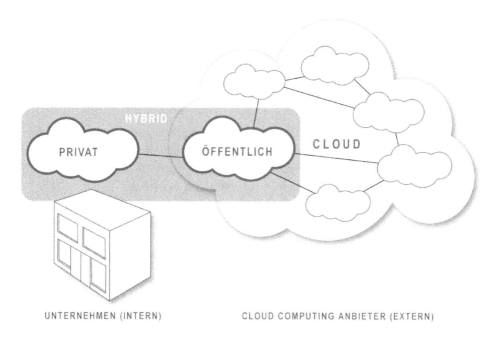

Abbildung 34: Cloud Computing - Typen

9.4.1   Öffentliches Cloud Computing

Beginnend mit dem gegenwärtig bekanntesten Modell des Cloud Computing, nämlich dem öffentlichen Cloud Computing, werden Ressourcen wie Anwendungen, Storage, Server und Desktops durch einen Service Provider der Öffentlichkeit über das Internet bereitgestellt. Öffentliche Cloud Computing-Systeme können entweder kostenfrei oder auf Basis von Nutzung verrechnet werden.

Die Hauptvorteile sind:

- Einfache und kostengünstige Implementierung, da Kosten für Hardware, Anwendungen und Netzwerkanbindung durch den Service Provider abgedeckt werden.
- Das System skaliert entsprechend den Bedürfnissen.
- Keine Verschwendung von Ressourcen, da nur für die wirklich genutzten Ressourcen Entgelt entrichtet werden muss.

Diese Art von Diensten wird z.B. durch Amazon Elastic Compute Cloud (EC2), IBM Blue Cloud, Microsoft Windows Azure Services oder Google AppEngine angeboten.

9.4.2   Privates Cloud Computing

Das Modell eines privaten Cloud Computing-Systems ist ein ähnlicher Ansatz wie der eines öffentlichen, jedoch in kleinerer Form und primär für den internen Gebrauch in einem Unternehmen oder in dessen Kontrolle liegenden Netzwerken. Diese muss nicht zwangsläufig das Unternehmen an sich beinhalten, sondern kann auch erweitert werden auf andere Unternehmensbereiche, Partnerunternehmen, Lieferanten, usw.

Wichtige Eigenschaften dieses Modells sind definitiv die striktere Kontrolle und höhere Sicherheitsanforderung, und sind der Hauptgrund für die Implementierung eines privaten Cloud Computing-Systems. Insbesondere die Vorstellung, dass die unternehmenskritischen Finanzanwendungen im öffentlichen Cloud Computing-System laufen und landesspezifische Regulatorien berücksichtigt werden müssen, spricht gegen einen derartigen Einsatz. Daher die legitime Frage „Was bedeutet die Datenhaltung in öffentlichen Cloud Computing-Systemen, und ausländische Regierungs-Institutionen haben Zugriff darauf?

Aufgrund dieser Tatsache investieren viele Unternehmen vermehrt in private Cloud Computing-Systeme, die natürlich Virtualisierungs-Technologien nutzen, um alle Vorteile nutzen zu können. Man darf sich hierbei nicht ausschließlich auf die Technologie fokussieren, denn ein Cloud Computing-System erfordert ein Umdenken hinsichtlich der Management-Prozesse und der gelebten IT-Kultur.

9.4.3   Hybrides Cloud Computing

Das dritte Modell ist das hybride Cloud Computing, das eine Kombination aus privatem und öffentlichen Cloud Computing ist. Statt der vollständigen Verwendung des öffentlichen Cloud Computing-Systems und der Verlagerung lokal genutzter Anwendungen in diese versus die ausschließlich lokale Nutzung von Anwendungen ist die Kombination aus lokalen Anwendungen und den Anwendungen im Cloud. Dadurch bewahrt ein Unternehmen die Kontrolle über deren Hauptanwendungen und nutzt das Cloud Computing, wo es sinnvoll ist. Ein Beispiel hierfür ist, dass aus Kostengründen viele Unternehmen Amazon's

Simple Storage Service (S3) verwenden, um Bilder, Videos und sogar Dokumente zentral zu speichern und gegebenenfalls mit ihren Partnern austauschen können, da diese per E-Mail zu versenden nicht geeignet sind.

Ein weiterer Vorteil des hybriden Cloud Computings ist das Schritt für Schritt Annähern an das Cloud Computing-Modell, da man zunächst mit den einfachen und weniger riskanten Anwendungen beginnen kann, wie z.B. mit der Datenhaltung. Nach erfolgreicher Einführung und Nutzung, kann man immer mehr Anwendungen oder Dienste in den Cloud verlagern.

9.5   Nutzen und Vorteile

Das Thema Cloud Computing ist in aller Munde, und es stellt sich zu Recht die Frage, was ist der Nutzen für Benutzer oder Unternehmen. Grundsätzlich lässt es sich wie folgt vereinfachen:

- **Kostenreduzierung für Computer-Hardware:** Für die Verwendung von Cloud Computing-basierten Anwendungen wird kein leistungsstarker Computer benötigt, da diese nicht lokal auf dem Computer ausgeführt werden und somit nicht die Ressourcen brauchen, die lokal installierte Anwendungen benötigen würden.
- **Kostenreduzierung für Software:** Es stehen viele Anwendungen zur Verfügung, die kostenfrei verwendet werden können, falls diese die Anforderungen eines Unternehmens erfüllen. Ein Beispiel hierzu ist GoogleDocs Suite. Des Weiteren kann es durchaus kostengünstiger sein, Software zu mieten, und es wird nur das in Rechnung gestellt, was auch wirklich genutzt wurde. Aus diesem Grund lohnt es sich, die vielen Möglichkeiten näher zu betrachten, um die beste Lösung zu finden. Zusätzlich zu den regulären Anschaffungskosten kommen noch Kosten für die Wartung hinzu, die mit Anwendungen als Cloud Computing-Dienst nicht anfallen, da diese bereits in das Preismodell einberechnet werden.
- **Verbesserte Performance:** Je weniger Anwendungen den lokalen Desktop auslasten, desto besser ist dessen Leistung. Computer, die Teil des Cloud Computing-Systems sind, starten und laufen schneller, da sie weniger Anwendungen betreiben müssen.
- **Schnelle   Software-Aktualisierungen:**   Web-basierte   Anwendungen werden automatisch aktualisiert und erfordern keinerlei Benutzer-interaktion – Aktualisierungen sind direkt beim nächsten Zugriff auf die Anwendungen verfügbar.
- **Unbegrenzte Speicherkapazitäten:** Das Cloud Computing-System bietet nahezu unbegrenzte Speicherkapazitäten. Dies gilt sowohl aus Benutzersicht, der auf dem lokalen Endgerät evtl. eine 200 Gigabyte Festplatte hat, als auch aus Unternehmenssicht, wo aufgrund der

Digitalisierung von Informationen Terabytes von Speicher ebenfalls knapp wird und ebenso teuer. Das Cloud Computing - System dagegen muss hierfür gewappnet sein, da es einen Dienst anbietet, der mit SLAs und Kosten verbunden ist. Daher stehen den lokalen Ressourcen Hunderte von Petabytes (ein Petabyte entspricht 1.048.576 Gigabytes).

- **Zuverlässigkeit:** Wie zuvor bereits erwähnt, stellt Cloud Computing Dienste und Ressourcen bereit. Damit verbunden stellen die Anbieter sicher, dass eine vorher definierte oder vereinbarte Ausfallsicherheit und Zuverlässigkeit eingehalten wird. Konkret bedeutet dies, dass mit einem Festplattenausfall auf dem lokalen Computer sämtliche Daten verloren gehen können (falls man keine Sicherungskopie erstellt hatte), jedoch sollte dies nicht der Fall im Cloud Computing-System sein.

- **Zentrale Datenhaltung:** Sicherlich ist es das eine oder andere Mal vorgekommen, dass man ein Dokument gesucht hat, das leider im Büro gespeichert wurde, jedoch dieses Dokument zu Hause oder unterwegs bearbeiten wollte, aber der Zugriff war nicht möglich. Durch die zentrale Datenhaltung werden Daten nicht lokal gespeichert und stehen somit von jeglichem Endgerät aus jederzeit zur Verfügung. Weitere Vorteile einer zentralen Datenhaltung sind die zentrale Sicherung der Daten und die Verfügbarkeit der aktuellsten Daten, da diese zentral bearbeitet werden. Somit vereinfacht sich auch die Gruppenarbeit aufgrund des zentralen Zugriffs auf gemeinsame Daten, was heutzutage immer eine Anforderung ist, da viele Teams über mehrere Standorte verteilt sind.

- **Unabhängigkeit vom Endgerät:** Ein wesentlicher Vorteil des Cloud Computing-Systems ist die Unabhängigkeit des Endgerätes und dessen Anbindung. Der Benutzer kann jederzeit ein beliebiges Endgerät, sei es ein PC, Laptop, Mac oder sogar mobile Geräte wie BlackBerry oder iPhone verwenden und ist hierbei nur auf eine Internet-Anbindung angewiesen, um auf die Anwendungen und Daten im Cloud zugreifen zu können.

Natürlich sind dies in der heutigen Zeit sicherlich attraktive Argumente, um Kosten zu senken und IT-Bereiche auszulagern, aber es sollten hierbei die nachfolgenden Aspekte berücksichtigt werden, die evtl. gegen eine Cloud Computing-basierte Lösung sprechen können:

- Anforderung für **permanente Internetanbindung** ist elementar, da alle Ressourcen, wie Anwendungen und Daten, in der Cloud sind. Ohne Anbindung ist das Arbeiten nicht möglich, falls Szenarien zu berücksichtigen sind, die „Offline"-Funktionen unterstützen müssen.

- **Langsame Verbindungsgeschwindigkeiten** können die Verwendbarkeit von Anwendungen beinträchtigen, insbesondere Web-Anwendungen benötigen viel Bandbreite. Daher ist die Verwendung von WAN-optimierten Protokollen empfohlen, wie z.B. mit Citrix HDX, das die Benutzererfahrung wesentlich optimiert.

- **Mangelnde Funktionalitäten von kostenfreien Anwendungen** können ausschlaggebend sein, diese nicht zu nutzen. Zum Beispiel bietet Microsoft PowerPoint wesentlich mehr Funktionen an als Google Presentation's Web-Anwendung.
- Die **Anforderungen an die Sicherheit** von Anwendungen und Daten kann die Nutzung des Clouds einschränken, da diese evtl. bestimmte Richtlinien nicht einhalten kann, wie z.B. Haltung der Daten im Ursprungsland. Des Weiteren, muss sichergestellt werden, dass die Daten vor unbefugtem Zugriff durch andere Kunden oder Dritte geschützt sind.

9.6   Sicherheitrisiko

Das Thema Sicherheit ist für viele Unternehmen ein wichtiger Bestandteil der IT, da inzwischen der reguläre Geschäftsbetrieb ohne die IT nicht mehr funktionieren würde und bei einem permanenten Ausfall bis zum Bankrott führen kann. Daher ist es in diesem Zusammenhang äußerst wichtig, diese ebenso bei einer Verlagerung von Ressourcen und Daten an Cloud-basierte Dienste zu berücksichtigen.

Cloud Computing-Anbieter sagen, dass die Daten sicher gehalten werden und nur durch erfolgreiche Autorisation zugreifbar sind. Jedoch befinden wir uns noch in den Frühstadien des Cloud Computings, um dies gewährleisten zu können. Die Europäische Netzwerk- und Informationssicherheits-Agentur – ENISA (European Network and Information Security Agency) – hat eine Sicherheitsanalyse in diesem Zusammenhang durchgeführt und kam zu dem Ergebnis, dass Cloud Computing-Nutzen für Skalierung und Flexibilität aus der Sicht der Sicherheit Freund und Feind sind. Die massive Konzentration von Ressourcen und Daten an einer Stelle sind viel attraktiver für Attacken, aber genauso können auch Cloud Computing-basierte Abwehrmechanismen wesentlich robuster, skalierbarer und kosteneffektiver sein.

Aus diesem Grund ist es empfohlen, folgende Fragestellungen als Teil der Entscheidungsfindung zu beantworten, um Cloud Computing-Dienste effektiv und sicher nutzen zu können und damit das verbundene Risiko zu minimieren:

- Wie wird der Zugriff durch ausschließlich autorisierte Benutzer sichergestellt?
- Sind Anwendungen und Daten von Kunden voneinander isoliert?
- Werden Daten verschlüsselt gehalten?
- Können Kundendaten eines Unternehmens in die Obhut eines Cloud Computing-Anbieters gegeben werden?
- Wo werden die Daten gehalten? Im Ursprungsland der Daten?
- Welche Rechtsprechung ist wirksam, wenn Daten im Ausland gehalten werden?

- Erfolgt der Zugriff auf die Anwendungen/Daten über eine gesicherte Verbindung, wie z.B. SSL?
- Wie und wo werden die Daten gesichert? Sind diese auf einem einzigen Storage-System oder verteilt auf physisch unterschiedliche Systeme?
- Werden gelöschte Daten wirklich entfernt?
- Wie passt die Verlagerung von Daten an einen Cloud Computing-Anbieter in den Compliance-Prozess? Bietet der Anbieter einen zertifizierten Prozess?
- Nutzt der Cloud Computing-Anbieter zusätzlich andere Anbieter, um bei einem Ressourcen-Engpass weitere Ressourcen kurzfristig bereitzustellen ("Cloudburst")?

Empfehlung: Der Entscheidungsprozess für die Erwägung von Cloud Computing-Diensten sollte folgende Vorgehensweise berücksichtigen:

1. Durchführung einer Risikoanalyse für die Nutzung von Cloud Computing-Diensten.
2. Vergleich der verschiedenen Cloud Computing-Anbieter.
3. Einforderung von Sicherheiten, die die ausgewählten Cloud Computing-Anbieter offerieren. Hierbei sollten diese Bereiche betrachtet werden:
   - Rechtliche Herausforderungen
   - Physische Sicherheit
   - Richtlinien
   - Technische Herausforderungen
4. Definition und Vereinbarung des Vertrags und SLAs, die für beide Parteien passen.

Aufgrund der Attraktivität des Cloud Computings zur Kostenreduktion und für die erweiterten Möglichkeiten erwägen auch staatliche Einrichtungen die Nutzung von Cloud Computing-Diensten. Zum Beispiel bietet die US-Regierung GSA (General Services Administration) ein Portal für Cloud Computing-basierte Dienste an, durch die Regierungs-spezifische Anwendungen und Infrastruktur-Ressourcen genutzt werden können. Des Weiteren hat die Stadt Los Angeles entschieden, ihr E-Mail-System auf Google email umzustellen. Damit werden in 2010 über 30,000 Mitarbeiter ihre E-Mail - Korrespondenz über Google email abwickeln. Nichtsdestotrotz haben staatliche Einrichtungen noch diverse Hürden zu überwinden, insbesondere die öffentliche Wahrnehmung, dass persönliche Daten sicher verarbeitet werden. Zusätzlich hindern rechtliche Aspekte und Regularien die Verlagerung von staatlichen Anwendungen in Cloud Computing-Systeme.

Die aufgeführten Sicherheitsbedenken mögen abschreckend wirken, jedoch sind sie durch eine vorherige Risikoanalyse abwägbar und sollten Bestandteil der vertraglichen Vereinbarung mit dem Cloud Computing-Anbieter sein. Die Nutzung von Cloud Computing-Diensten kann zu wesentlich stabileren, besser skalierenden und kosteneffektiveren Schutz vor Attacken führen, wie z.B. die dynamische Allokation von Ressourcen kann vor DDoS (Distributed Denial-of-Service) schützen. Damit werden die Risiken minimiert und der Nutzen gesteigert.

9.7   Implementierungsbeispiele

Neue Technologien sind immer interessant und bieten vielfältige Möglichkeiten an, um die IT auf den neuesten Stand zu bringen und vor allem die Geschäftsprozesse effektiv zu unterstützen. Jedoch ist man auch genauso bedacht, neue Technologien direkt nach deren Verfügbarkeit einzuführen, da man nicht unbedingt experimentieren und damit eher kontra-produktiv dem Unternehmen schaden möchte. Aus diesem Grund stellen Kunden immer die klassische Frage „Gibt es bereits Kunden, die diese Technologie ähnlich unseren Anforderungen nutzen?", „Welche Herausforderungen hatten Kunden?" und „Welche Vorteile wurden durch die Einführung von Cloud Computing-basierten Lösungen gewonnen?".

Zur Verdeutlichung des Nutzens von Cloud Computing anhand von realen Praxisbeispielen, werden nachfolgend drei Kundenbeispiele vorgestellt.

9.7.1   Schnelle Rollouts sind entscheidend

Ein Pharma-Unternehmen, das zu den zehn größten dieser Welt gehört, hat Cloud Computing in Erwägung gezogen, um die Fixkosten der IT zu senken und dabei neue Lösungen wesentlich schneller einzuführen., denn der traditionelle Ansatz ihrer IT verlangsamte den Geschäftsprzess, wie z.B. geplante Akquisitionen und die Integration der IT in diesen Prozess.

Warum Cloud Computing?

- Bestehende Infrastruktur behinderte das Geschäftsmodell
- Verlagerung der Fixkosten in variable Kosten

Lösung:

- Verwendung von mehreren Cloud-Providern
- Google aufgrund des „Consumerization"-Trends

Vorteile:

- Reduzierung der Provisionierungszeit

Schlussfolgerung:

Das Cloud Computing-System verkürzt drastisch die Bereitstellungszeiten von Anwendungen und Kapazitäten.

Dabei verwendete das Unternehmen ein Multi-Provider-Modell, um eine schnelle Provisionierung von neuen Ressourcen zu erreichen:

- Für die **Kollaboration** zwischen Mitarbeitern und dem Partnernetzwerk wird Google apps genutzt. Damit hat das Unternehmen den Trend der Consumerization der Benutzer berücksichtigt.
- Der **Datenaustausch** erfolgte durch Amazon Simple Queue Service (SQS), Amazon Simple Storage Service (S3) und Amazon SimpleDB.
- Der **Datenzugriff** wurde über Amazon S3 sichergestellt.
- Als **SaaS-Lösungen** kamen zum Einsatz Alexa (Webtraffic Analyse), Drupal (Dienste zum Aufbau von Communities zur Kollaboration) und Sourceforge.net (OpenSource)
- Für **Basis-Plattform-Dienste** wird Amazon Elastic Cloud (EC2) verwendet.

Durch diesen Ansatz hat das Unternehmen die neue Provisionierung von Ressourcen erheblich verkürzt:

- Die Bereitstellung eines neuen Servers wurde von 7 ½ Wochen auf drei Minuten verkürzt.
- Die Einführung einer neuen Kollaborations-Umgebung wurde von acht Wochen auf fünf Minuten verkürzt.
- Die Implementierung eines 64-Knoten Linux-Clusters kann nun in fünf Minuten erreicht werden statt zwölf Wochen.

Das Unternehmen kann nun neue Studien und Arzneimittel-Projekte signifikant schneller starten und reduziert damit die benötigte Zeit zur Einführung dieser Produkte auf den Markt. Zusätzlich wurden durch die Auslagerung an Cloud Computing-Dienste die Kosten drastisch gesenkt und ein großer Anteil der Fixkosten als Kapitalinvestment auf variable operative Kosten umgeschichtet.

9.7.2 Exzellente Umgebung für Anwendungsentwicklung

In diesem Beispiel hat ein global agierender Energiekonzern die strategische Vision, das Internet als Bereitstellungs- und potentielle Entwicklungs-Plattform für Anwendungen zu nutzen.

Warum Cloud Computing?

- Analyse von Experimenten über mehrere Labore hinweg
- Interne und externe Bereitstellung der Systeme

- Kurzfristige Bereitstellung von kurzlebigen und Projekt-basierten Umgebungen

Lösung:

- Paralleler Aufbau und Bereitstellung von Entwicklungs- und Produktionsumgebungen

- Initiale Nutzung basiert auf einer Internet-lastigen Anwendung, die abgesichert wurde.

- Aufbau von Entwicklungs- und Testumgebung in Amazon-Systemen

- Netzwerkkommunikation wird verschlüsselt und Authentifizierung erfolgt im Unternehmens-Netzwerk

Vorteile:

- Agilität der gesamten Lösung

- Kostenreduktion

- Vereinfachte Prozesse

Schlussfolgerung:

Das Cloud Computing-System ist eine exzellente Umgebung für Anwendungsentwicklungen.

Das Unternehmen verfügt sowohl über Anwendungen, die hohe Sicherheits-, Verfügbarkeit und Compliance-Anforderungen haben, als auch Anwendungen mit geringeren Anforderungen, die sich einfacher über die bestehenden SLAs von Cloud-Providern abdecken lassen. Ein Anwendungsszenario war eine Internet-lastige Anwendung, das für die Analyse von Experimenten über mehrere Labore hinweg verwendet wurde und dessen interne Systeme Daten austauschen. Das System sollte die Verwendung durch das Unternehmen selbst und durch Partnerunternehmen für die gemeinsame Datenanalyse ermöglichen. Hierzu wurde ein abgesichertes Software-Stack mit einem allgemeinen Single Sign-on-Prozess entwickelt, das durch das Sicherheitsteam des Unternehmens zertifiziert wurde. Dieses System wurde rasch Online bereitgestellt mit wesentlich geringeren Kosten als die Bereitstellung auf eigenen internen Systemen.

Die Entwicklung und das Testen von Anwendungen wurde als weiteres passendes Szenario für das Cloud Computing-System erkannt, da dies typischerweise eine Projekt-basierte Nutzung ist und sich die Ressourcen entsprechend der Nutzung variabel anpassen lassen können.

Die Sicherheit spielte eine kritische Rolle, was durch das eigene Sicherheitsteam adressiert wurde. Hierzu wurden spezifische ausgehende TCP Ports auf der Unternehmens-Firewall geöffnet, um auf die Amazon S3-Dienste zuzugreifen.

Dabei wird jegliche Netzwerkkommunikation verschlüsselt, und sowohl Authen-
tifizierungen als auch Autorisierungen werden im Unternehmenseigenen Netzwerk durchgeführt.

Des Weiteren benötigen Teams, die an aktuellen Projekten arbeiten, recht häufig
kurzfristig Ressourcen für Projektarbeiten, Training und andere Aktivitäten. Dafür
bietet das Cloud Computing-System genau die erforderlichen Kapazitäten, um
kurzlebige Umgebungen schnell bereitzustellen und dies zu günstigeren Kosten
als interne Entwicklungs- und Testumgebungen.

9.7.3   Agilität zur Erweiterung des Geschäftsumfelds

Ein Technologie-Lösungsanbieter im Gesundheitswesen erwog die Nutzung von
Cloud-basierten Diensten aufgrund der aggressiven Geschäftserweiterungpläne
für die kommenden Jahre. Das Unternehmen hatte bereits eine Kollokations-
beziehung mit GoGrid[2], jedoch ließ das derzeit verwendete traditionelle
Provisioningmodell nicht das geplante Wachstum zu.

Warum Cloud Computing?

Bestehende Infrastruktur behinderte die schnelle Erweiterung des
Geschäftsumfelds.

Lösung:

- GoGrid als Platform im Cloud System; Appistry als Cloud-Software
- Portierung bestehender Anwendungen in das Cloud
- Sensible Daten werden anstatt im Cloud in gesicherten Datenbanken
  gespeichert

Vorteile:

- Cloud-System ist PCI und HIPAA-konform
- Keine Ausfallzeiten
- Kostengünstigere Lösung für 50% mehr Kapazität

Schlussfolgerung:

Das Cloud Computing-System ist ideal für Anwendungen, jedoch noch nicht
für sensible Daten.

Die Basis der Anwendungen bestand auf Java und nutzte den Spring Framework
(Open Source Application Framework für die Java Platform und .NET
Framework). Das Unternehmen portierte die Anwendungen in das Cloud
Computing-System unter Verwendung von GoGrid, jedoch wurde dies ergänzt

---

[2]   GoGrid (www.gogrid.com) ist ein Cloud Computing Provider und gehört zu der
      Unternehmensgruppe ServePath Dedicated Hosting

durch Appistry[3]. In der Regel ist es nicht empfohlen, bestehende Anwendungen direkt in das Cloud zu portieren, jedoch hat das Unternehmen in diesem Fall signifikante Vorteile gewonnen.

Aufgrund der Regulierungen des Gesundheitswesens, unterlag auch das Unternehmen den strengen Anforderungen von PCI[4] und HIPAA[5], wodurch sichergestellt werden musste, dass die geplante Lösung auf Basis von Cloud Computing diesen Regelungen konform war. Dies wurde erreicht durch die Vermeidung der Datenspeicherung im Cloud-System, anstatt dessen werden die Daten in gehosteten Datenbanken gespeichert.

Eine zusätzliche Anforderung war die Hochverfügbarkeit der Umgebung und das Unternehmen war in der Lage eine SLA zu vereinbaren, die eine 100%ige Verfügbarkeit des Systems sicherstellen sollte. Bisher wurde dies durch den Cloud-Provider ohne weiteres eingehalten.

Das Unternehmen und dessen Cloud-Provider haben bei den gemeinsamen Bemühungen viel gelernt, wie z.B. dass die Verwaltungswerkzeuge noch nicht ganz ausgereift sind und aus diesem Grund ihre eigenen Werkzeuge entwicklen mussten. Jedoch waren die meisten Aspekte dieser Bestrebungen durchaus positiv, da die Kosten pro Transaktion gesenkt wurden, neue Kapazitäten wesentlich schneller bereitgestellt werden können und die gesamte Umgebung hochverfügbar ist. Das Unternehmen plant für 2010 alle Kernanwendungen in das Cloud zu verlagern.

9.7.4   Gewonnene Kundenerkenntnisse

Die drei aufgeführten Kundenbeispiele geben einen Überblick darüber, wie verschiedene Unternehmen Cloud Computing-Systeme für ihre IT nutzen und welche Vorteile diese daraus gewonnen haben. Grundsätzlich lassen sich die bis heute gewonnenen Erkenntnisse von Kunden wie folgt zusammenfassen:

Tabelle 12:   Gewonnene Kundenerkenntnisse über das Cloud Computing

---

[3]   Appistry (www.appistry.com) ist Lösungsanbieter für Cloud-Systeme, um Anwendungen im Cloud zu verwalten und deren Verfügbarkeit sicherzustellen.

[4]   Das PCI („Payment Card Industry") ist ein weltweiter Standard für die Verarbeitung von Kartenzahlungen und Verhinderung von Kreditkartenbetrug. Dieser Standard gilt für alle Organisationen, die Informationen von Karteninhabern halten, verarbeiten oder transferieren.

[5]   Das HIPAA („Health Insurance Portability and Accountability Act") ist eine Regelung für Krankenversicherungsdaten und wurde durch den U.S. Kongress 1996 verabschiedet. Dabei wird Arbeitnehmern und ihren Familien beim Wechsel des Arbeitgebers oder bei einer Kündigung Krankenversicherungsschutz gewährleistet („Title 1") und der Datschutz bei der elektronischen Verarbeitung der Krankenversicherungsdaten sichergestellt („Title 2").

Verwendbarkeit vom Cloud Computing	• Verlagerung von Anwendungen, die keine bzw. geringe Interaktion mit Backend-System unterhalten • Webserver • Anwendungen, die sehr variabel Ressourcen benötigen, wie z.B. Stoßzeiten bei Projekt-basierten Aktivitäten oder Berichterstellung an Monatsenden • Kurzfristiger Bedarf für kurzlebige Ressourcen, wie z.B. zur Anwendungsentwicklung • Schnelle Provisionierung von Ressourcen (Minuten/Stunden vs. Tage/Wochen)
Bestehende Herausforderungen	• Sicherheit • Lokation der Datenhaltung • Datenschutz • Potentieller Datenverlust • Portabilität der Daten • Verwaltung der in das Cloud-System verlagerten Ressourcen

9.8   Anbieter

Cloud Computing gehört derzeit zu den Top IT-Themen und Trends, die die IT wesentlich beeinflussen wird. Daher kommen neben den bereits bekannten Cloud Computing-Anbietern wie Amazon EC2, Google, HP, IBM, Microsoft Azure immer neue hinzu und deren Auflistung den Rahmen dieses Buchs sprengen würde. Des Weiteren variieren die Anbieter zwischen den Ländern, und lokale Anbieter müssen berücksichtigt werden, falls die Daten und Ressourcen nicht die Landesgrenzen überschreiten dürfen.

Die Anbieter unterscheiden sich grundsätzlich im Umfang der angebotenen Dienstleistungen und haben eine passende Lösung für jeden Bedarf. Daher ist es elementar, die genauen Anforderungen eines Unternehmens zu identifizieren und zu definieren, um die richtige Wahl für Cloud Computing-Dienste treffen zu können.

9.9   Zusammenfassung

Cloud Computing eröffnet der IT viele neue Möglichkeiten und bietet viele ökonomische Aspekte an, die in der heutigen Zeit von der IT erwartet werden: Kosteneffizienz, Flexibilität, Agilität. Alles Schlagwörter, die Unternehmen jeglicher Größe betrifft und diese versuchen zu adressieren.

Cloud Computing ist keine neue Technologie, sondern eine Kombination von Technologien, die es erlauben, Ressourcen in ein Cloud Computing-System zu verlagern und die daraus gewonnenen Potentiale zu nutzen. Somit ist es insbesondere eine ideale Möglichkeit für kleine und mittelgroße Unternehmen, Technologien zu nutzen, die in der Regel nur durch Großunternehmen genutzt wird.

Auch wenn heute schon vieles mit Cloud Computing möglich ist, befinden wir uns im Frühstadium des Cloud Computings. Daher wird es noch etwas Zeit benötigen, bis Cloud Computing vom Trend zu einer akzeptierten und vor allem vertrauten IT-Lösung wird. Sogar Mark Hurd, CEO von Hewlett-Packard, meinte während einer Gartner-Veranstaltung, dass er für sein Unternehmen Cloud Computing noch nicht in Betracht ziehen würde.

Aus diesem Grund wird es eher eine Schritt-für-Schritt-Annäherung an das Cloud Computing sein, beginnend mit Cloud Computing-basierten Anwendungen, die die Verbreitung unterstützen wird.

10   Literaturverzeichnis

Smith, Anne Marie: Business Requirements Gathering – An Overview [Online], http://www.tdan.com/view-articles/4842, Januar 2000

Office of Government Commerce (OGC): Business requirements [Online], http://www.ogc.gov.uk/delivery_lifecycle_business_requirements_.asp

Wikipedia: Requirements analysis [Online], http://en.wikipedia.org/wiki/Requirements_analysis

Mochal, Tom: The analysis phase: Understanding what the customer wants [Online], http://articles.techrepublic.com.com/5100-10878_11-1045569.html, November 2001

Wikipedia: Cloud Computing [Online], http://en.wikipedia.org/wiki/Cloud_computing

InfoWorld: [Online], http://www.infoworld.com

Microsoft: Cloud Computing Infrastructure [Online], http://www.microsoft.com/virtualization/en/us/cloud-computing.aspx

Amrhein, Dustin; Quint, Scott: Cloud computing for the enterprise: Part 1: Capturing the cloud [Online], http://www.ibm.com/developerworks/websphere/techjournal/0904_amrhein/0904_amrhein.html, April 2009

O'Neill, Mark: Connecting to the cloud, Part 1: Leverage the cloud in applications [Online], http://www.ibm.com/developerworks/xml/library/x-cloudpt1/, März 2009

SearchCloudComputing.com: The Web's most comprehensive resource for cloud computing new, analysis and case studies [Online] (http://searchcloudcomputing.techtarget.com)

Cloud Computing Journal: [Online], http://cloudcomputing.sys-con.com

ENISA (European Network and Information Security Agency): Cloud Computing – Benefits, risks and recommendations for information security [Online], ENISA, November 2009

Strickland, Jonathan: How Cloud Computing Works [Online], http://communication.howstuffworks.com/cloud-computing.htm

Perry, Geva: Cloud Computing Terminology [Online], http://gevaperry.typepad.com/main/2008/08/new-cloud-compu.html, August 2008

Appistry: Why Cloud Computing [Online], http://www.appistry.com/cloud-info-center

Miller, Michael: Cloud Computing Pros and Cons for End Users [Online], http://www.informit.com/articles/article.aspx?p=1324280, Februar 2009

Los Angeles Times: Los Angeles adopts Google e-mail system for 30,000 city employees [Online], http://latimesblogs.latimes.com/technology/2009/10/city-council-votes-to-adopt-google-email-system-for-30000-city-employees.html, Oktober 2009

SearchEnterpriseDesktop.com E-zine: New Enterprise Desktop – Volume 1 [Online], http://viewer.media.bitpipe.com/1245185556_477/1245188282_340/NewEntDesk_0609_final.pdf

U.S. General Services Administration: Products & Services [Online], http://www.gsa.gov

Japan Post Group: Introduction of Group Companies [Online], http://www.japanpost.jp/en/group/map/

Wikipedia: Japan Post Holdings [Online], http://en.wikipedia.org/wiki/Japan_Post_Holdings

Wikipedia: Health Insurance Portability and Accountability Act [Online], http://en.wikipedia.org/wiki/HIPAA

2X Software Ltd.: Vorteile und Kosteneinsparungen durch Thin-Clients [Online], http://img2.insight.com/graphics/de/vendor/2x/thinclientswp_de.pdf, April 2005

AMD, Inc.: Alternate Client Architectures Overview – Delivering applications to the desktop [Online], http://whitepapers.theregister.co.uk/paper/download/delayed/396/alternate-client-architectures-overview.pdf, 2008

Bishop, Tony: Virtualization: must include application services as well as resources [Online], http://findarticles.com/p/articles/mi_m0BRZ/is_8_24/ai_n8582422, August 2004

centracon GmbH: Unternehmen planen eine Virtualisierungsoffensive [Online], http://www.centracon.com/virtualisierung_research.html

centracon GmbH: Meist zu viele Anwendungen auf den Desktops [Online], http://www.centracon.com/smart_client_konzepte.html

centracon GmbH: Mobile Arbeitsplätze gefragt [Online], http://www.centracon.com/mobile_arbeitsplaetze.html

centracon GmbH: Sorgenkind Desktop-Management [Online], http://www.centracon.com/sorgenkind_desktopmanagement.html

CIO Magazine: Virtualization: Managing Investments for Optimal Efficiency and Business Value [Online], http://www.cio.com/documents/webcasts/ca/virtualization/index.html, 2008

Computerwoche: Desktop-Virtualisierung entwickelt sich prächtig [Online], http://www.computerwoche.de/premium/business_grafiken/1862693/

IGEL Technology: Desktop-Virtualisierung, Server Based Computing oder beides?,
http://www.igel.de/ps/tools/download.php?file=/live/navigation/dms/psfile/docfile/63/WP_Virtual47c6bfaebaebb.pdf&name=WP_Virtualisierung_DE_v1.pdf

Jeffrey Fisher: Desktone™ and Desktops as a Service™ (DaaS™) -Transforming the Corporate PC, www.desktone.com, 2008

Fraunhofer-Institut fur Umwelt-, Sicherheits- und Energietechnik UMSICHT: Ökologischer Vergleich der Klimarelevanz von PC und Thin Client Arbeitsplatzgeräten 2008 [Online],
http://it.umsicht.fraunhofer.de/TCecology/docs/TCecology2008_de.pdf, 2. April 2008

Fraunhofer-Institut für Umwelt-, Sicherheits- und Energietechnik UMSICHT: PC vs. Thin Client –Wirtschaftlichkeitsbetrachtung Version 1.2008 [Online],
http://cc-asp.fraunhofer.de/docs/PCvsTC-en.pdf und http://cc-asp.fraunhofer.de/docs/PCvsTC-de.pdf, 20. Februar 2008

Hernick, Joe; Garey, Lorna: Time To Halt Runaway VM Sprawl [Online],
http://www.informationweek.com/news/hardware/virtual/showArticle.jhtml?articleID=210003820, InformationWeek, 16. August 2008

Hillier, Andrew: How to Choose the Right Virtualization Technology For Your Environment [Online], http://whitepapers.theregister.co.uk/paper/view/436/cirba-selecting-virtualization.pdf, CIRBA, Mai 2008.

Hochstätter, Christoph H.: Virtualisierung ohne Verluste: Architekturen im Vergleich [Online], http://www.zdnet.de/enterprise/server/0,39023275,39152396-1,00.htm, ZDNet.de, 12. April 2007

Huisman, Sven; Haverink, Matthijs: Application Virtualization Comparison Chart [Online], http://virtualfuture.info/wp-content/uploads/2008/06/vf-appchart-11-june2008.pdf, VirtualFuture.Info, Juni 2008

Humphreys, John: The Path to Enterprise Desktops: From Personal Computers to Personalized Computing [Online],
http://whitepapers.theregister.co.uk/paper/view/271/idc-whitepaper.pdf, IDC Whitepaper, Oktober 2007

SearchDataCenter.de: Kompendium zur Virtualisierung, Vogel IT-Medien GmbH, Augsburg 2007

Singh, Amit: An Introduction to Virtualization [Online],
http://www.kernelthread.com/publications/virtualization/, kernelthread.com, Januar 2004

Microsoft: Virtualization from the Datacenter to the Desktop -Building a comprehensive, end-to-end virtualization strategy, Microsoft White Paper

Re Ferre, Massimo: Virtual Infrastructure products: features comparison [Online], http://www.it20.info/misc/virtualizationscomparison.htm, Dezember 2009

Wikipedia: Virtualisierung (Informatik) [Online], http://de.wikipedia.org/wiki/Virtualisierung_%28Informatik%29,

Wikipedia: Virtualization [Online], http://en.wikipedia.org/wiki/Virtualization, Juli 2010

virtualization.info: Virtualization Industry Radar [Online], http://www.virtualization.info/radar/

Zarnekow, Rüdiger; Hochstein, Axel; Brenner, Walter: Serviceorientiertes IT-Management – ITIL-Best-Practices und –Fallstudien, Springer-Verlag, 2005

Microsoft: An Infrastructure Planning and Design Guide [Online], http://whitepapers.theregister.co.uk/paper/view/671/ipd-windows-server-virtualization.pdf, December 2008

Windows Vista Team Blog: Flexible Desktop Computing White Paper [Online], http://windowsteamblog.com/blogs/windowsvista/pages/flexible-desktop-computing-white-paper.aspx

Mittelstandswiki.de: Consumerization – Anschaffen, was Anwender wollen [Online], http://www.mittelstandswiki.de/Consumerization, März 2010

GPSR Compliance
The European Union's (EU) General Product Safety Regulation (GPSR) is a set
of rules that requires consumer products to be safe and our obligations to
ensure this.

If you have any concerns about our products, you can contact us on

ProductSafety@springernature.com

In case Publisher is established outside the EU, the EU authorized
representative is:

Springer Nature Customer Service Center GmbH
Europaplatz 3
69115 Heidelberg, Germany